誰にも言えない夫婦の悩み相談室

パートナーシップと性のカウンセラー
小野美世

WAVE出版

はじめに

悩んでいるのは、あなただけじゃない。

このことで悩むあなたは、おかしくない。

それをお伝えしたくて、この本を書きました。


こんにちは。心理カウンセラーの小野美世です。夫婦関係や恋愛パートナーシップ、そして性のことなどをテーマに活動しています。

私のもとへカウンセリングにいらっしゃる方の多くは20代~50代の女性で、ご相談の内容は主に、夫婦不仲に関する悩み、具体的にはセックスレス、夫に対する生理的嫌悪感、婚外恋愛（不倫）などです。

「夫といるとイライラしてしまいます」

「夫に甘えられない、頼れない」

というお声から、

「夫のことを男として見られません。いい人だとは思うけど……」

「夫に嫌悪感が……」

「産後、夫とセックスしたくなくなりました。夫はしたいようだけど、私は寝たふりをして避けています」

「夫とはレスです。外に彼ができてしまい、夫と離婚するか悩んでいます」

「夫にセックスを拒否されていて、もう一生できないのかなって落ち込んでいます」

といった「性の悩み」まで様々です。

私のブログを読んでくれた皆さんからも、性に関する悩みが多数寄せられています。

人間にとって、そして夫婦にとって、「性」は最も重要なテーマのひとつです。


でも「性のこと」って、誰しも胸の内にしまいこみやすく、特に女性は、夫や恋人の前で自分の気持ちを言葉にするのもなかなか大変です。

そこで私が代わりとなって、あえてはっきりと書くようにしています。ここまでリアルに言っちゃっていいんですかと、びっくりされることもよくあります。はい、大事なことなので、包み隠さずに述べています。

私が性のことを発信していると知ると、たいていの方は「え⁉　あなたが？」と驚きの反応をされます。私がおとなしそうで、まじめそうで、優しそうに見えるからでしょう。「こういう普通の人は、性のことなどあけすけに口にしないものだ」と、皆さん思われているようです。

じゃあなぜ、そんな普通の私が、性について語っているのか。それは、私も過去、結婚する前にお付き合いしていた彼とのセックスレスに悩んだ経験があるからです。今のように「セックスレス」という言葉がまだ一般的でなく、ネット上にもほとんど見られない時代でした。

こんなことで悩んでいる私はおかしいんじゃないだろうか。
友達にも話せない。親にも言うわけにいかない。
誰にも私の気持ちをわかってもらえない。
そんなふうに感じていました。
あのどん底だったときに、誰かが私の隣で「大丈夫だよ」と言って一緒に走ってくれたらなぁ…。そんな思いから、性のテーマを扱うカウンセラーになり、あのときの私のように「人に言えない性の悩み、夫婦の悩み」を抱えている女性たちに向けてブログを書いたり、セミナーをしたりしています。

これまでにたくさんの女性からお話を聞いてきましたが、未婚・既婚を問わず、パートナーとの関係がうまくいかないとおっしゃる皆さんに共通点があるとすれば、それは、

男性に負けたくないという気持ちがある

ついつい男性と戦ってしまう

自分の本当の気持ちを相手にさしだしていない

そして、

性のことについて、自分を縛る価値観を持っている（持たざるを得なかった）

性のコミュニケーションについて、知らないことがたくさんある

ということです。

負けず嫌いでがんばり屋さんであるがゆえに、「しないほうがいいこと」までやってしま

い、男性とのパートナーシップでつまずいている人がとても多いのです。

「その『しないほうがいいこと』を、今まで全部やっていました…」というお声をどれだけ聞いたでしょうか。でもそれは、皆さんが悪いというよりも、「知らなかった」それだけなんです。コミュニケーションの方法と、自分のあり方を変えれば、現実が変わっていきます。


ただ、セックスについてのコミュニケーションって、一番難しいのです。

実は気持ちよくないのに、そう言えない。

本当はしたいのに、そう言えない。

相手はしたくない、でも私はしたいとなったとき、「その先の話」ができない。

そんなわけで、夫婦のセックスは「するかしないか」「0か100か」「挿入か拒否か」になってしまいがちです。

けれども、できることは他にもっともっとたくさんあります。0と100の間に、あなたと彼だけのオリジナルの性的関係を作っていくことができます。

そういうことを、皆さん知らないのです。あなたが悪いのではないのです。ただ知らないだけなんです。

そして例えば、「相手はしたくない、私はしたい」と食い違ったまま平行線が続き、もうどうしようもない状態に陥ってしまう場合もあります。そのときには、結婚という枠組みの中にあっても、「夫婦のセックスで、自分だけが犠牲にならない選択」「自分を苦しめない選択」をしていかないといけません。

こういうことを具体的に、優しい言葉で、ブログに書いているおかげで、とてもたくさんの方から感謝の声が届くようになりました。

皆さん最初は、「え⁉」「はっ⁉」となって、驚かれるのですが、読み進めるうちに、いろんなチャレンジをしてくださるようになります。その過程で、自分を縛っていたものから解放されて自由になり、夫との仲がよくなったり、赤ちゃんを授かったり、逆に自分の気持ちが明確になって離婚を決意したり、新しい彼ができたり……と、それぞれの方法で幸せになっています。そして自分自身との関係を作り直し、より幸せになっていかれます。

男性を見張り、男性と張り合い、素直になれずに我慢ばかりしていた世界から抜け出し、もっと楽で、もっと自由で、自分を優しい目で見られる世界に移っていけるのです。今、この本を手にとってくださったあなたのことも、ぜひそんな世界にお連れしたいと思います。

悩んでいるのは、あなただけじゃない。
このことで悩むあなたは、おかしくない。

それでは、自由な世界への扉を開けましょう。

2019年8月

小野美世

第1章 「男性と対等でいたい」と戦う女は、パートナーシップでつまずく

第2章 セックスレス・性の悩み 93

第3章

浮気・不倫・人に言えない恋愛

第4章 夫婦のお悩みQ&A

装丁・カバーイラスト　和全
ブックインタビュアー　鮫川佳那子
DTP　白石知美（システムタンク）
編集　大石聡子（WAVE出版）
編集協力　竹内葉子

第1章

「男性と対等でいたい」と戦う女は、パートナーシップでつまずく

女性はみんな、負けず嫌い

あなたは、負けず嫌いですか？　特に、男性に対して。
見下されるのは、イヤですか？　バカにされるのは、イヤですか？
夫や恋人に文句を言われたくないと、必要以上にがんばっていませんか？
男と女、どちらが悪いのか、白黒はっきりさせたいと思うことはありませんか？

「負けたくない」と思ってがんばるのは、ちっとも悪いことではありません。むしろよいことです。がんばりによって能力を伸ばし、限界を引き上げ、周囲の評価を高める効用があります。

勉強、部活動、運動、資格試験などなど…。「負けず嫌い」であることが、あなたによい影響をもたらしてきたこともたくさんあったと思います。

でも、「そうか、負けないようにとがんばって努力をすればうまくいくんだ！」と信じて、恋人や夫との間でもそれをしてしまうと、途端にいろいろな問題が多発します。ひとつの家に男性がふたりいるようなものですから、喧嘩も多くなりますし、セックスレスやそれを原因とする浮気・不倫など…性の悩みも起きやすくなるのです。私たちは、壁にぶつかって初めて、そのことを知ります。

Work

「自分は負けず嫌い」と認めよう。

男と戦うから、うまくいかない

私は女性向けのカウンセリングを始めて間もなく、相談に来てくれる女性の多くが負けず嫌いで、がんばり屋さんで、完璧主義で、仕事でも家事でも何でもできてしまう人で、どっちが正しくて、どっちがより優秀か、白黒はっきりつけたがっている…ということがわかりました。

そこで、こんな提案をしてみたのです。

「男性に負けたくない」という思いを少しゆるめてみよう

自分が、やわらかくて弱々しいところもある女性であることを思い出そう

そんなもろい自分のままで、大切な人とコミュニケーションをしてみよう

その具体的な方法をお伝えするために、連続セミナーを開くことになったのですが、セミナー参加者の皆さんに、とても素敵な変化が訪れるようになりました。それは例えば、夫婦のセックスレス解消、離婚の回避、新しい命を授かる妊娠。または、自分と性質と合わない相手とは離婚して、新しいパートナーに出会う、といったことです。

私にとって何よりも嬉しいのは、ご相談者の気持ちが穏やかになって、大好きな人と一緒にいられることの幸せを感じる場面が増えた、と明るいご報告を多数いただくようになったことです。これは、とても他人事とは思えません。

カウンセリングをしていると、「まるで、昔の自分がお客さんとしてやって来たようだ」と感じることがあります。何を隠そう、私自身もとっても負けず嫌いで、恋人の男性と戦ってばかりいたからです。

負けず嫌いで、がんばり屋さんで、完璧主義で、仕事でも家事でもそこそこできてしまう人で、どっちが正しくて、どっちがより優秀か、白黒はっきりつけたがっている……。これは、私のことでもあります。

小さな頃から負けず嫌いでした。保育園に通っている頃は、家族でトランプ遊びをするたびに、ゲームに負けたといっては大泣きし、翌朝からはひとり黙々と同じゲームの練習をしていたそうです。中学、高校、大学と進学するにつれ、男に負けたくない、同等に扱われたいという気持ちが強くなりました。女だからといって見下されたくない、バカにされたくないのです。

ですから、結婚が決まったときも、「夫婦別姓にしたい！　どうして私が苗字を変えないといけないの？　あなただって変えるのイヤでしょう？」と言ってみたり。将来のことについても、子供ができれば仕事をしづらくなるなど、犠牲になることが多いように感じて、妊娠・出産をすることで女性にどんなデメリットがあるかを書き連ねた書籍を見つけてきて、新婚の夫に読ませようとしたり。「私は、育児をすることで、いろんなものを犠牲にするのだから、慰謝料的な意味で月々いくらか払って！」と迫ってみたり。

今にして思えば、すごいことを言ったものです。夫はただただ、悲しそうな顔をしていました。それでも私は、自分だけが損をするように感じ、夫の希望に合わせたくなかったのです。そのくらい、負けるのがイヤだったのです。

でも、そんな調子で張り合っていれば、ふたりの関係がうまくいくはずはありません。夫も、私自身もとても疲弊しました。

その頃、近所の書店で『サレンダード・ワイフ　賢い女は男を立てる』、つまりは「降参する妻こそ賢い」という衝撃的なタイトルの本に出会ったのです。

Work

男性と張り合ってしまう自分を認めよう。

すべての女性に提案したい「負けるが花」

『サレンダード・ワイフ　賢い女は男を立てる』――この本を、私は猛烈な勢いで読み、重要だと思う箇所に赤線を引き、その内容を自分なりに実践していきました。「自分なりに」というのは、当時私が通っていた「心屋塾」という心理カウンセリング塾で学んだエッセンスを加えて、私独自の方法にアレンジしたからです。

それからしばらくして、私自身も心理カウンセラーの活動を始めるのですが、数々のクライアントさんに『サレンダード・ワイフ　賢い女は男を立てる』を読んでほしいと勧め、私がアレンジした方法を実践してみてどうだったかというやりとりを重ねました。

そうした中でキーワードとして浮かび上がってきたのが**「負けるが花」**という一言です。

この言葉は、実はセミナーを一緒に開催した方からプレゼントしてもらったセミナータイトルでした。「負ける」という嫌なイメージのあることをしているのに、美世さんがご主人のそばでお花のように可愛らしく笑っているのはなぜなんだろう、その秘密を聞きたいというセミナーだったのです。

「戦いモード」が自分の中に根付いてしまうと、「相手の前で素直になる」ことができなくなります。

素直になると、自分が弱くなったような気がしてしまう。
素直になることは、恥ずかしい。
素直になることは、怖い。
素直になると、「え！　私って実はこんなこと考えていたんだ」という自分に出会うのが恐ろしい。

ですから、文句を言って怒っているほうが、まだ簡単なのです。

しかし、自分の本当の気持ちに蓋をして閉じ込めていると、同じ問題が何度でも繰り返されます。

カウンセリングやセミナーを通じて私がしていることは、その人の「素直な気持ち」を見つけるお手伝いであり、それを相手にさしだせるように背中を押すことです。

「負けるが花」とは、良き妻・良き母でありましょうとか、良妻賢母になるためにがんばりましょうとかいう教えではありません。あなたに何か我慢を強いるものでもなく、何事も忍耐で乗り切るべきだというお話でもありません。

自分の素直な気持ちに気づき、相手にさしだすことができるようになると、男性にバカにされないようにと戦っていたときよりも、**自分の望んだものが手に入りやすくなります。**そして、自分は男性に守られているのだと思えるようになり、気持ちが自由になっていきます。

私自身がその確かな効果を実感しています。だから、同じ女性にお勧めしているのです。私たち女性の望みが叶いやすくなる方法、そして私たちが自由になるための、最も効果的な方法のひとつです。

Work

自分を変えたくないから怒っているのだ、と認めよう。

「夫にイライラする」ことがあってもいい

私のクライアントさんの６割くらいは既婚の女性で、家庭を持ち、お子さんが生まれ、育児や家事に大忙しの方々です。そのうえ、仕事をしていらっしゃる方もあります。夫婦共働きで、お互い仕事で疲れて帰って来ても、夫は家のことをちっとも手伝ってくれない…と嘆いている女性の方々は、自分のこと以上に、「家事」「育児」「夫」に時間とエネルギーを注いでおられます。

がんばっておられるんだなぁと思いつつ、お話を聞いていると、「夫にイライラする、夫に対する気持ちが冷めていく、夫から気持ちが離れていく、夫に嫌悪感が…」などなど、次々と文句が出てきます。

複数の人が集まるセミナーの場でも、いろんな文句が噴出します。

「夫は家でも仕事の話ばかりしている、好きと言ってくれない、飲み会続きでいつも帰りが遅い、服のセンスが悪い、自分だけ遊びに行ってしまう、自分だけ趣味を楽しんでいる、連絡をくれない、セックスをしてくれない、逆にセックスをしたがるのがイヤ、借金をずっと繰り返している、私を束縛する、言葉遣いが嫌、ひどいことを言われる、私の話を聞いてくれない、どこにも連れて行ってくれない」などなど…。

Work 夫や恋人に対する不満を、思いつく限りリストアップしてみよう

あなたの本当の気持ちを教えてくれる秘密の宝箱

自分が相手に期待することとは違う言動が返ってくると、私たちはイライラし、相手を責めたくなります。でも、こういう「イライラ」は、実はチャンスであり、宝の詰まった箱であり、プレゼントのようなものだと私は考えています。この文句やイライラをひもといていくことで、ふたりの間にある「戦いの空気」を終わらせるヒントが見つかるからです。例えば、こんなふうに。

Aさんは30代後半の女性で、お子さんが2人いらっしゃいます。仕事は時短勤務を利用しているので、家庭との両立ができていますが、旦那さんが子育てを手伝ってくれないことにイライラする毎日です。「夫は妻が疲れているのをわかってくれない。なんでいろいろ言わないとやってくれないの？　私も休みたい」――この段階で、Aさんが旦那さんに思いをぶつけるとすると、きっとこんな言葉になるでしょう。

「ねぇ、どうして私ばっかりこんなに動いてるのよ。あなたもやってよ！」
「なんで手伝ってくれないの？」
「あぁ、その服そこに置きっぱなしにしないで！」

一気に不穏な空気になりますね。この、イライラしているときに最初に出てくる文句を、私は**「灰汁《あく》」**と呼んでいます。肉や野菜を煮ると、煮汁の表面に、濁りが湧き上がってくるでしょう。それは捨てていいものです。灰汁を取り除いたほうが料理はおいしくなるのです。

心に浮かんだ灰汁を相手にぶつければ、事が解決するどころか、かえって悪化してしまいます。**大事なのは、「灰汁《あく》」の下にある本当の気持ちに気づくことです。**ですから私は、Aさんにこんな質問をします。

「あなたは、どうしてそれがイヤなんだろう？」

「あなたは、自分がどう扱われていると感じる？」

「あなたの中で、どんな感情が吹き荒れていますか？」

そうすると、

「家政婦さんみたいに扱われるのはイヤ」「夫に頼れないのがイヤ」「私ばっかりがんばってるみたいでイヤ」「私ばっかり犠牲になっててイヤ」「惨めな気持ちになるからつらい」「休みたい。寝たい。ひとりになりたい」などなど、いろいろ出てきます。


こうして「私」を主語にして考えるようにしていくと、「私の感情」に意識が向かいます。そして、この感情のもう一層下に、本当の気持ちという宝が埋まっているのです。その宝物を掘り起こすために、こんなふうに聞いていきます。


「あなたは、本当は、旦那さんにどうしてほしいの？」

「そしてあなた自身は、本当はどうしたいんだろう？」

「あなたは、どんな自分が出てこないように隠しているんだろう？」

Ａさん自身が持っている弱さ、そしてやわらかい気持ちにそっと触れていくような感覚で、お話を聞いていくと、
「私、もうそんなにたくさんできないんです」「ひとりでがんばっていて心細いんです」「気にかけてもらってない気がして、さみしいんです」「本当は、夫と一緒に助け合っている感じがほしい」「不安な自分をどうしていいかわからない」…といった素直な答えが出てきます。

これを聞いているだけで、何かしてあげたくて、助けてあげたくて、胸をギュッと掴まれたような気持ちになります。**でも、ご相談者のＡさん自身は、自分のこの素直な部分を、旦那さんに見せてはいません。旦那さんは、Ａさんがこんなふうに思っていることを知らないのです。**

Ａさんがイライラを感じるたびに、「なんで手伝ってくれないのよ！」と旦那さんに言っているとしましょう。旦那さんはその言葉を聞いて、「あぁ、そうか…うちの妻は今、心細いんだな。気にかけてもらってない気がしてさみしいんだな」と感知するなんていうこと

は、まずありません。「なんだよ！　俺だって疲れてるのに！　また八つ当たりされた！」と腹立たしく感じているに違いありません。

そしてAさんもまた、「なんで手伝ってくれないのよ！」と夫にイライラをぶつけながら、「あぁそうか、私は今心細いんだ、毎日必死になんとかしているけれど、本当は不安で心細くて、どうしていいかわからないんだ」と、自分の底のほうにある気持ちに気づくことができないのです。

でも例えば、こんな言い方だったらどうでしょう。

「毎日仕事と家事に追われて、それに子供のこともあって、もう疲れちゃった。ひとりでがんばってるみたいで心細い…。がんばったねって言って〜」

聞こえ方がまるで違うと思います。

旦那さんも、「あ、あ、うん、がんばったね」って、思わず言ってしまうでしょう。

夫婦間の戦いをやめるには、妻が自分の気持ちをよーくよーく見るということが一番大切です。**そして、単なる「灰汁」をぶつけるのではなく、その下にあるやわらかい気持ち・弱々しい本音のほうを、大切な相手にさしだしていくことなのです。**

当然これは、「えーー、やりたくない。できれば避けたい。カッコ悪いもん。恥ずかしいもん。そんな気持ちがたくさん出てくるなんて、悶絶しちゃいそう。そんなことをするくらいなら、まだカッカと怒っているほうがマシ」と思うかもしれません。でもだからこそ、私は言いたいのです。**「その無益な戦い、もうやめませんか？」**と。

Work

夫婦間の争いは無益だと心に刻もう。

「負ける」の第一歩は、自分の本当の気持ちを見つけること

「負けるが花って、結局は相手の言うことに従って、我慢することじゃないの？」とよく聞かれます。いえ、そうではありません。ただ表面的に男性に従えばいいとか、お腹の中では違うことを考えているのに、夫の前ではニコニコしましょうということではないのです。

私のカウンセリングでは、現在のふたりの関係についてお話を聞いて、その状況だったら、例えばこんな行動が「負ける」にあたりますよ、とアドバイスをしていきます。そして、夫や恋人に「負ける」際には必ず、自分の本当の気持ちをしっかりと見るようにと促しています。

本当はどうしたいのか。

本当はどうしてほしいのか。
恥ずかしくて言えないことは何か。
自分は何を怖がっているのか。
などなど…です。

Work
自分の本当の気持ちを探ってみよう。

否定や攻撃をやめてみる

クライアントのひとり、Bさんとは、こんな感じのやりとりをしました。

Bさんは、結婚して1年もたたない新婚さんです。結婚直後から旦那さんの仕事はまったくうまくいかなくなり、夜の生活もなくなってしまったそうです。それでもBさんは夫の愛情を感じていたようですし、旦那さんのこともBさん自身のことも大切にしていたと言います。なのに、なぜセックスレスが続いているのか、理由がわからなくて、私のブログを読み始めたとのことです。

その後Bさんは、「頭ではなく心の奥のほうで、負けることが必要なんだ！」と気づいたのですね。Bさんはさっそく、「負ける」ということを試してみました。**その方法とは、旦那さんとの会話の中で、「でもさぁ」とか「それは違うんじゃない？」とか言うのをやめる、この1点です。**ただそれだけのことですが、相手を否定することがなくなったおかげで、Bさん自身の気持ちがとても穏やかになっただけでなく、気づいたら、旦那さんの仕事の問題も、セックスレスの問題も、どちらもあっさり解決していたそうです。その間わずか2週間ほどだそうですから、とてもスピーディに解決したことになりますね。

このBさんの例に限らず、夫と戦ってしまうことを回避するために、あえてサレンダー、つまり降参の意識を持つようにしていくと、夫婦間の問題や悩みはあっさりと片付くことがあります。

それにしてもなぜBさんは、「でもさぁ」「それは違うんじゃない？」という言葉を口癖のように使って、旦那さんを否定しようとしていたのでしょうか。旦那さんには気を遣わずになんでも話せるから？　もちろん、それもあるでしょう。しかし、男性に負けないようにしていたのだとしたら？

そのあたりの本当の気持ちを探っていくと、多くの「気づき」を得られます。Bさんの場合は、「段取り上手な夫にバカにされたくない。自分よりも器用にいろんなことができる夫に支配されたくない」という気持ちが潜んでいたようです。そのため、**夫にバカにされたり支配されたりする前に、自分が夫を支配・コントロールしようとして、「でもさぁ」「それは違うんじゃない？」と言っていたのです。**

女性が「自分から負ける」ことによって、男性との戦いをやめると、男性にはどんな変化が起こると思いますか。もっと威張り始める？　女性に対する要求が強まり、さらなる犠牲を強いる？　そうしてもっとイヤなことが起こるようになる？　いえ、そうはなりません。目の前にいる女性が自分に攻撃をしかけてこないとわかれば、男性は安心します。**自分を必要以上に守らなくてよくなるので、「この女性をもっと喜ばせたい。何かしてあげた**

い」という気持ちが生まれます。

最初からその気持ちを出してくれればいいのに！　と思われるかもしれません。たしかに不思議ですね。女性側が、負けまいとして必死になり、「あなたは何もしてくれない。あれも足りない、これも足りない！　もっと私を大事にしてよ！」と叫んでいたときには与えられなかったのに、負ける覚悟をして、素直にふるまいだすと、ほしかったものが手に入るのです。

大切なことなので繰り返しますが、男性は、目の前にいる女性が自分を否定したり攻撃をしかけたりしないとわかると、安心します。そういう状態になって初めて、女性の望みを叶えて喜ばせたいと思うようになるのです。

「だったら美世さん、負けるが花は、同性の友達にも使えますか？」

「両親に、負けるをしてみようと思いますが、効くでしょうか？」

そんなお問い合わせをいただくこともあります。**答えは、「はい」です。**戦いをやめ、相手の前で素直になって本当の気持ちをさしだせば、恋人や夫に対してはもちろんのこと、友達にも、両親にも、子供にも効果を発揮することが、数多く寄せられたメッセージから明らかになっています。

「負けるが花」の手法を、通りすがりの人に対してまで用いる必要はありません。職場で嫌いな上司に用いる必要もありません。

自分の心の奥深くを見つめ、素直な気持ちを取り出して相手に伝えるには、多くのエネルギーを使いますし、勇気もいります。大切な相手であればあるほど、ハードルが高くなることもあります。セミナーの場で、「どうして私がここまでしなければならないんだろう？って思ってしまいます」という声が寄せられることもあります。

「負けるのは何のため？」と聞かれたとき、私はこう答えます。**大切な人との間に「親密感」を持ち続けたいから。**親密感というのは、ふたりの間に流れる温かで優しい空気のことです。相手の前で自分を守る必要などなく、ピリピリと緊張することもなく、自分の胸にしまってあった思いをそっと打ち明けられるような関係。そんな関係を築きたいから、それまで構えていた武器を下ろしてみる。「負けるが花」とは、そういうことなのです。

Work

大切な人との親密な関係を壊さないようにしよう。

彼が選んだものを受け入れてみる

私たちが「女としての自分を認めてもらいたい」「優しくされたい、守ってもらいたい、安心感を与えてほしい」と望んでいるように、男性にも「男の自分を認めてほしい。自信と安心を与えてほしい」という気持ちがあります。

では男性は、女性にどんなふうに接してもらったら、「自分は今認められている」と感じられるのでしょうか。

そのひとつは、「尊重されること」です。自分の意見が尊重されること。自分の価値観が尊重されること。自分のしたいことや行動が尊重されること、なのです。

大切に思っている女性が、自分の意見や価値観、行動を尊重してくれないと感じると、ましてや、否定されたり、戦いを挑まれていると思うと、男性も自分を守ることに必死になります。その結果、大切な女性をもっと大切にしようとか、幸せにしようとか、何かしてあげたいという気持ちがなくなってしまうのです。

男性に、「自分は認められている。尊重されている」と実感してもらえるように働きかけるのは、とっても大事なことです。そのために必要なのが、**「夫や恋人の選んだものを受け入れる」**ということです。**「彼が選んだものには一切、口を出さない」**ということです。

え！　彼が選んだもの全部受け入れるの？

私がイヤなものでも？　そんなの我慢になるじゃん！

夫の趣味のアウトドア、テントを買おうとするのも、一軒家がほしいというのも、翌日会社があるのに夜更かしして寝坊するのも、文句を言わずに受け入れるの？

私も当初は「そんなのやだ！　絶対にムリ！」と思いました。でも次第に気づいたのです。夫の思い通りになんてしたくない、いやだいやだ…と思うのは、裏を返せば、夫をコントロールしようとしている証拠なのだということに。

あぁ、これか、コントロールって…。

私、自分の思い通りにしようとしている。

自分の思い通りにならないと不機嫌になったり、ふてくされたり、黙りこんだりしていたなあ。相手を睨んだり、無視したりすることもあった。時には逆ギレして、わめいたり、ドアをバーンと閉めたりして抗議の意思を示していたんだなぁ…ということが、わかってしまったのです。このことは、夫婦関係について考えるうえで最大の学びになりました。

ならば、よし、これをちょっとやってみよう！　と私がやってみることにしたのは、先述の本『サレンダード・ワイフ』で読んだ、あるフレーズです。**「夫の選んだものを受け入れるときには、『ええ、あなたがそう言うなら』と言って受け入れてみましょう」**と書いてあったのです…。

ええ…、でもやっぱりイヤだぁ。

言おうとすると、吐きそう。

ここでまたもや、私は自分がいかに「思い通りにしたい」と望んでいるかを痛感させられました。

Work
何でも思い通りにしたがっている自分に気づこう。

こういう場合は受け入れなくていい

彼が選んだものを、「ええ、あなたがそう言うなら」と言って受け入れましょう、と女性の皆さんにおすすめすると、反発が返ってくることがあります。

「それって、浮気されても受け入れろってことなんですか？」

「DVを受けても、許しなさいということですか？」

「私の小さな希望を叶えてもらうために、大きな犠牲と我慢が必要なんですか？」

と。もう、この質問がすでに「戦いモード」ですね。旦那さんとの間でも、こんなふうに口喧嘩をされているのかなと思ってしまいます。

とはいえ、女性の多くが反発したくなるのも、私はよくわかります。私自身、なかなか受け入れられなかったからです。

「夫や恋人の選んだものを受け入れ、一切口を出さない」とは言っても、中には「受け入れなくてもいい場合」があります。**「あなたが精神的・肉体的苦痛を感じる場合は、それを受け入れなくていい」**と、『サレンダード・ワイフ』に明記されていますし、それは全くその通りだと私も考えています。

ただ、何に対して苦痛を感じるかは人それぞれで、例えば、夫婦の間にセックスがなくなることが苦痛である人もいれば、それがなくても、なんら精神的・肉体的に苦痛ではないという人もいます。

あなたの場合はどうですか。夫に浮気をされている、セックスレスで拒否されている、DVを受けている、ハラスメント的な発言がある、といった状況があり、そのことにあなたが激しい苦痛を感じているなら、夫が選んだ行動、その価値観や意見を受け入れる必要はまったくありません。

耐えがたい苦痛を伴う問題が起こっている、まさにその渦中において、負けるが花をやってみようとしても非常にやりにくい、というのは明白です。**だからこそ、そうなる前に、負けるが花を使ってほしいのです。**

早ければ早いほどいいと思います。恋愛中の段階から「負けるが花」を始めれば、その後の婚約期間、そして結婚生活も、きっとうまくいくはずです。

話は少し戻って、「受け入れなくてもいい場合」について、私も具体的に考えてみました。私にとって、どうしても受け入れられないものって何だろう…そうしたら、以下の3つが出てきました。

「実家で親と同居してくれ」と夫に言われたら、それは私には無理です。

「仕事をやめて家事育児だけしてほしい」と言われたら、それは私にとって幸せなことではありません。

もうひとつは、どうしても受け入れられないというよりも、受け入れようとすると私にとって不機嫌の元になる、というものです。

それが何かといえば、夫はホームセンターでいろいろ買い込んでは収納の改善をすることが好きで、キッチンに隙間があれば何かを置こうとしたり、スパイスラックを設置したりしてくれるのです。でも私は、余分なものは何も置いていない、シンプルなキッチンが好き。夫がいそいそと何かを置こうとしている気配を感じると、ため息をつきたくなっていました。

「キッチンは私がほぼ毎日使うところだから、ここには何も置かないで」とリクエストし、夫の理解を求めました。

親との同居、専業主婦になること、キッチンに勝手に何かを置かれること、この3つの苦痛なこと以外ならば、趣味の違いとか、考え方の違いは、受け入れてみてもいいのかなという気がしています。

あなたにとって「精神的・肉体的にとても苦痛で、受け入れられないこと」は、どんなことでしょうか。この機会に、ちょっと考えておくとよいかもしれませんね。

Work

無条件に受け入れられることと、受け入れられないことを明確にしよう。

コントロールを手放す

「負けるが花」の最大のポイントは、相手を自分の思い通りにしたいという期待や欲求をいかに手放すか、です。

しかし、これは決して容易いことではありません。私たちは自分でも気づかないところで、彼や夫の選んだものを尊重しないように、受け入れないようにと、実に巧みなコントロールを無意識下で行っているものです。

例えば…

彼が選んだものを見て、「え～！」という顔をする

「えー、今日それ着るの？」と言う

彼の友人を悪く言う

- 夫が帰ってくるなり、不機嫌な顔でイライラしながらご飯の準備を始める
- 頼んでおきながら、「そのやり方じゃない」と文句を言う
- ため息をつく
- ドアをバーンと閉める
- 「コーヒー飲みたくない？」と聞く（飲みたいのは自分）
- 暴言を吐く
- 「手伝ってくれない。私ばっかりしんどい思いをしている！」と怒る
- でも夫が手伝ったら手伝ったで、「どうせ私は役立たずなんでしょ？」と怒る（俺は、どうすればいいんだ…状態）
- 「察してくれない」と怒る（男性は察することはできません）
- 謝らない
- 笑顔を見せない

こういったことも、「彼が選んだものに対する文句」であり、コントロールしようとしている証拠なのです。

コントロールすることをやめる方法はいろいろあります。ここでは詳細に触れませんが、まずは、「私、相手へのコントロールでこれをやってたんだ…」と気づいてもらうことが大切です。セミナーでは、「あなたはどんなコントロールをしている？」と質問を投げかけ、各人の答えを受講生同士でシェアしてもらいます。人それぞれに「いつも繰り出してしまうコントロール」があります。私の場合は、逆ギレする・不機嫌になる・ドアをバーンと閉める、相手を見張る…でしょうか。

いけないと知ってはいても、ついやってしまう。やってしまったらもう、謝るしかありません。（↓85ページ「謝る」の項を参照）

もしくは、「夫が」「夫が」と夫のことばかり気になってしまうなら、セルフケアをたくさんするようにしてみましょう。（↓68ページ「セルフケア」の項を参照）

Work

ついやってしまったときは、「ごめんなさい」と素直に謝ろう。

「〜したい」「〜したくない」と望みを口にする

「不満の裏には、あなたの願いが隠れているよ。パートナーにさしだしたほうがいいのは、その願いのほうだよ」

これは、私がカウンセリングやセミナーでよく使う言葉です。夫に対する不満をよーくよーく見ていくと、そこに自分のやわらかい気持ちが隠れているので、そのやわらかい気持ちで、自分はどんなことを望んでいるのかを探ることが大事、という話を以前にしました。「負ける」が「我慢する」と違うのはそこです。自分の中に見つけた本当の気持ち、そして「こうしたい」「こうしてほしい」と相手に伝えることが必要なのです。

私たちが心の奥に隠している気持ちは、時にとってもシンプルです。

「～したい」

「～したくない」

という形にまとめられることがほとんどです。


セミナー受講生のある女性が、こんな話をしてくれました。

「夫がケガをして、私は身の回りの世話をしなければならなくなりました。すごく時間をとられて、つらい。夫の面倒なんかみたくないって思ってしまいます」

そこで私はこう尋ねました。

「それはつまり、『私はもっとひとりの時間がほしい』っていうことですか？　『ひとりで出かけて気分転換したい』っていうことかな？」

その女性はハッとした表情になり、こう応えました。

「あ…そうですね、ひとりの時間がほしい。そうかもしれません」

「それなら、旦那さんにそれだけを伝えてください。わたし、ひとりの時間がほしい、○○に行ってくるねって」

考えてみたら、とってもシンプルなことなのです。この方が旦那さんに伝えるといいのは、「ひとりの時間ほしいから、○○に行ってくるね」です。

やらないほうがいいのは、不機嫌な様子を漂わせながら、「○○に行っていい？　その間、あなたひとりで大丈夫なの？　どうせ行っちゃだめなんでしょ」と、暗に「あなたがいるから私は自由になれないのよ」と不満を訴えることです。

「～したい」「～したくない」と、シンプルに自分の望みを伝えることが、とても大事です。「私は本当はどうしたいんだろう？」「私が本当にしたいことは何だろう？」と、日々自分のことをよく見ていないと、その「～したい」「～したくない」が出てきません。

そして、「～したい」「～したくない」を伝えられるということは、「私はそれを望むに値する存在だ」と思っている、つまり自己肯定感が高いということなのです。

「どうせダメよね。私は我慢していなくちゃいけないのよね」とあなたが自分自身に対して思っていると、夫に「～したい」「～したくない」が言えなくなります。

Work

自分の望みを、シンプルな言葉にしてみよう。

武器を持たずに、両手でさしだす

さて、自分の「～したい」「～したくない」がわかって、相手にそれを伝える際に、最大のポイントとなるものがあります。これは、ちょっと痛みを伴うことかもしれません。

「～したい」「～したくない」と伝えるときは、**武器を持たずに、丸腰になってみてほしいのです。** 先ほどの例なら、「私、ひとりの時間がほしいの」という気持ちを、左右の手でしっかりと包み込むようにして、そっと相手にさしだすイメージです。


左手に自分の願いを載せて、右手に武器を握って相手に突きつけながら、「この願いを叶えないとどうなるかわかってる？」なんて怖い空気を醸し出していたら、逆効果です。

武器というのはナイフ、刀、あるいは飛び道具の吹き矢など、人それぞれで、もちろん比喩ですが、私たちは何らかの武器を隠し持ち、いざというときにさっと取り出して相手の喉元に突きつけることがよくあるのです。

私がセミナーでこのたとえ話をすると、女性たちから「あぁ…（ため息）」が返ってきます。「身に覚えアリ」という反応ですね。また、男性たちは、「あぁー！あの、女性のなんか怖い雰囲気ってそれなのか!!」と納得している様子です。

私たちはなぜ武器を手にしてしまうのでしょう。怖いから、です。望んだことが叶わなかったら、傷つくから。傷つくのが怖いから。

しかし、私たちの願いを受け取った夫や恋人が、その先どうするかは彼の自由です。「あ、そう。ふーん」と軽く受け流すのも、払いのけるのも、無視するのも、あるいは、真剣に受け止めて願いを叶えようとするのも、すべては彼が決めることです。

願いを伝えるとき、「彼がどうするかは、彼に任せよう」「彼が選んだ答えを尊重しよう」、この覚悟がいります。「望み通りにならなかったとしても、私は文句を言わない」と覚悟のうえで願いを伝えてください。それが「コントロールを手放す」ということです。

ここでちょっと予行演習をしてみましょうか。

私たちにはたくさんの「～したい」がありますよね。「今年は○○へ家族旅行に行きたい」「あのレストランに行きたい」「もっとあなたとスキンシップをしたい」などなど。その「～したい」だけを言葉にして伝えればOKです。

NG例を挙げておきます。

「○○の代理店に行って、○○のパンフレットをもらって、○○してよ」

「いつあのお店に連れてってくれるの？ もう全然私のこと考えてくれてない！」

「なんであなたはしたくならないの？ 私のこと愛してないのね！」

このように、つい私たちは「もっとこうしなさい、ああしなさい」と指図をしたくなってしまうのですが、それをそのまま口にすると、相手の心に「僕は尊重されてないんだな」と届いてしまいます。相手はただ「文句を言われた」「自分のやり方を否定された」と感じるだけです。

指図したい気持ちを呑み込んで、どうするかは相手に任せてみる。そうすると、相手は重く感じません。

彼の反応が鈍いとか、期待したのとは逆のことをされてしまう、なんてこともあるかもしれません。あなたの心は傷つくかもしれません。それも仕方のないことです。**でも、心に刻んでほしいのは、彼はあなたを傷つけるためにそうしたのではない、ということです。**

そして、一度言って叶わなかったとしても、もうダメだと思わずに、何度でも言うようにしましょう。一度は断っても、相手はあなたの望みを結構覚えていたりするものです。「そういえば、この前も○○したいって言ってたよね」と思い出し、今度こそ応じてくれる可能性があるのです。

Work

自分の望みは、何度でも伝えよう。

彼のやり方に任せてみる

「私ばっかり我慢している」と思っている人へ。きっとあなたは、自分ひとりで何でもやることに慣れてしまったのでしょう。もしかすると親から、「お姉ちゃんなんだから、ちゃんとしなさい」「自立して生きていけるように、がんばりなさい」と言われて育ったのかもしれません。事実、セミナーに来てくださる女性の多くは、第一子長女だという方々で、人を頼ったり甘えたりすることがとても苦手のようです。

あなたは、自分のやりたいことを夫や恋人に上手に伝えて、叶えてもらっていますか？自分自身で叶えてばかりいて、「相手」がまったく登場しないということはありませんか？「夫は役に立たない。いてもらわなくてもそんなに困らなかった」とおっしゃる女性もいるでしょう。

そこで、次のワークを実際にやってみてほしいのです。彼に子供の面倒をみてもらうとき、休日の過ごし方を決めるとき、これを買うか買わないか決めるとき、そして、あなたに行きたい場所があるときなど、こう言ってほしいのです。

「私、ここに行きたい。(あとはよろしく)」と。 あとのことは、彼に委ねてみましょう。

「こうしたい」ということだけ伝えて、相手がどうするかは相手に決めてもらう。やり方も相手に任せてみる。「あなたのやり方でいいから、お願いします」と相手に主導権を渡す練習をしてみましょう。

相手のほうが、あなたよりもうまくできることもあります。「あなたのほうが得意で上手だから、お願いします」と言うのもいいですね。

そして、どんな結果が返ってきても「ありがとう」と受け取ってください。納得がいかない結果だったとしても、お礼を言いましょう。

もしも「いや、俺やりたくないし」と断られたら、「そっかぁ」と一度ひいてみるといいですね。一度断られただけであきらめないで、また別の機会に「やっぱり私は、あなたみたいに上手にできないんだよね」と再度お願いしてみましょう。

Work

「相手に全部任せる」という行動を、生活の中に加えよう。

「負ける筋」を鍛えるトレーニング

「負けるが花」のことを知って、よし、私もちょっとやってみようと思ってくださる方にとって、一番のハードルとなるのは、**「恥ずかしい」**という気持ちにどう折り合いをつけるかという問題です。

夫婦関係、または恋人とのパートナーシップの中で、私たち女性は「恥ずかしい」と感じることを、必要以上に恐れているのです。

こんなことを言ったら、恥ずかしい。自分だけこんなに一生懸命だと知られるなんて、恥ずかしい。自分の弱いところを見せるのは、恥ずかしい。恥ずかしくて、言えない言葉がある。――こういうハードルをひとつずつ越えていくことで、「負ける筋」とでもいうべきものが鍛えられていきます。

Cさんという女性は40代前半の医師で、旦那さんも医師として働いています。夫婦ともにお医者さんというのは、すごいことですね。でもCさんは、「夫のことを馬鹿にしてしまうんです」と、ご相談に来られました。お話を伺っていくうちにわかったのは、Cさんには「自分よりも能力の劣る男性を見下してしまう癖がある」ということ。同業者である医師たちと、自分の夫とを比べて、事あるごとに夫にダメ出しをしていたのです。

私はこのとき、ちょっときつい口調で、こう伝えました。「いつまで、旦那さんを見下し続けますか?」

Cさんはこの言葉にむっとされた様子でしたが、ご自身の気持ちをよーくよーく見つめることにチャレンジし、その結果、こんなふうに教えてくれたのです。

「私、夫のことをもっと自慢したいって思っていたみたいです。夫にも素敵なところはある。それを言いたいのに、周りの人に表現せずにいたんです。周囲にいる医者の奥さんたちは、夫の自慢ばかりしています。それを見て私はイライラしていたのかもしれません」

Cさんは、とても素直に、ご自身の気持ちを掴み取りました。本当はこうしかったんだということに気づいたのですから、あとは行動に移すのみです。Cさんは、恥ずかしいなぁという気持ちを感じつつも、「あなたは素敵ね」「ここがすごいと思う」「他の人に自慢したいわ」と旦那さんに伝えられるようになっていきました。

以来、Cさんのイライラは消え去り、穏やかな気持ちになったようです。お子さんがひとりいらして、第二子を授かるために不妊治療を続けていたそうですが、そのなかなか授からなかった第二子を自然妊娠したという、嬉しいご報告をその後いただきました。

「相談に通っていたあの頃とは全然違って、今とっても幸せです」と、メールの文字が躍って見えました。

このCさんのように**「恥ずかしいことをすると人生が変わる」**というのは、私がいつもセミナーでお伝えしていることです。うわっ、これを言うのは恥ずかしい、こんなことを思っているのを知られたら、恥ずかしい。そう思うことがあれば、それは、あなたの人生を変えるチャンスでもあるのです。

Work

人生を変えるために、恥ずかしいことも思い切ってやってみよう。

「恥ずかしい」という思いを相手に伝えよう

恥ずかしいことを相手に伝えるとき、ハードルを少し下げるために、やってみてほしいことがあります。それは、

「こんなこと言うのはとっても恥ずかしいんだけど…」

「これ、今まで恥ずかしくて（怖くて）言えなかったんだけど、実は…」

「今すごく緊張してるんだけど、これを言いたくて…」

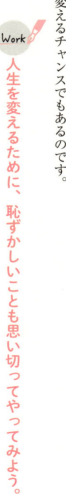

と、話を切り出してみること。要するに、

今、恥ずかしいと思っている。

今、これを言ったらどう思われるだろうと怖がっている。

今、ドキドキしながらこれを伝えている。

という、自分のその状態すらも、相手に見せてしまうということです。

無防備になることへの抵抗がちょっと薄れますし、「僕にはその恥ずかしい状態を打ち明けてくれるんだ」「信頼されているんだ」と相手に伝わります。

例えば、夫や彼が自分以外の女性と仲良くしているので、嫉妬してしまうとき。「なんであのひとと仲良くするのよ！」「どこがいいのよ」「魅力なんかないわよ」「やめて、やめて、やめて」「私のほうがいいでしょ」と言いたくても、そのまま相手に伝えると、険悪な雰囲気になってしまいます。そういう本音の気持ちは、鍵付きの日記アプリに全部打ち出して、自分の中をすっきりさせましょう。（この方法は、後述する「セルフケア」④の方法です）

そして、嫉妬の裏にどんな気持ちがあるのか？　と考えてみると、

「嫉妬しちゃうくらい、私はあなたが好き」
「嫉妬しちゃうくらい、私はあなたを独り占めしたいと思っている」
「嫉妬しちゃうくらい、私はあなたに影響されている」
という気持ちが見つかったりしないでしょうか。恥ずかしいけれど、その部分だけを相手に伝えてみましょう。

「こんなこと言うのはとっても恥ずかしいんだけどね、あなたが○○さんと仲良くしてると、やきもちやいちゃうー！　そのくらい私はあなたのことが好きなんだよね」

どうでしょうか？「なんであの女性と仲良くするのよ！」と比べると、はるかに可愛らしく感じられるのではないでしょうか。**あなたが恥ずかしさを感じているとき、あなたの魅力は上がっています。**「恥ずかしい！」と思っているあなたのほうが、男性には可愛く映ります。

それでも相手は、「ふーん」と言ったり、「そうなんだ」と言ったりして、あなたが期待するような反応を示してくれないかもしれませんが、「一方的に責められた、批判された」

とは感じにくいのです。目の前の女性に自分は責められているわけではない、と感じた男性は、女性のために、何かをしようという気になりやすいのです。

私は長年、夫にからかわれるのが苦手だったのですが、夫にからかわれて、「うわーん」となったり、焦っておろおろしている私は、どうやら夫には可愛く映っているようなのです。今までは、そのおろおろしている自分を見られるのがイヤで、「もうやめてよ！　そういうことしないで！　どうしてそんなに無神経なの！」と怒っていました。でも、「なんだ、このおろおろしている最中、私はいたたまれなくて恥ずかしいけれど、そんなときの私のほうが愛嬌があって、魅力が上がっているのか」とわかってからは、おとなしくからかわれることにしています。イヤですけど。

Work
恥ずかしがっている自分をさらけ出そう。

あなたにとって恥ずかしいことって何ですか？　それを今日からやってみましょう。

期待した反応が返ってこない、そんなときは……

「恥ずかしくても無理をして言ったのに、彼はただふーん、と流すだけ」

「恥をしのんで○○したのに、彼は何も返してくれませんでした」

ブログ読者の方や、スクール受講生の方から、よく聞く言葉です。恥ずかしいことをしたら、いいことが起こるんでしょ？　恥ずかしいことをしたら、うまくいくんじゃないの？

という心の声が聞こえてくるようです。


でもこれってつまり、「恥ずかしいことをしたら、相手に負けたら、相手は私の思い通りの反応をしてくれるんじゃないの？」と言っているのと同じことです。お気持ちはわかります。何度も書いてきたように、傷つきたくないですものね。でもこれも、コントロールのひとつなんです。

こんなとき、私がお伝えするのは、**「相手の反応は、相手のものだよ」**です。

ただ「ふーん」って受け流すだけなのも、無視するのも、冷たくするのも、わっはっはと笑ってくれるのも、それは相手が決めることなのです。それを受け入れることもまた、「負ける」ですね。

ここで見てほしいのは、「恥ずかしい思いをして伝えたのに、うまくいかなかった」ということではなく、**恥ずかしくても自分の思いをちゃんと伝えられた、そのことです。**

本当の気持ちを伝えられたことを喜びましょう。今まで出し惜しみをしていたのに、出せたのだから。自分の気持ちを相手の前で見せられた、ということに比べたら、相手の反応は、おまけなのです。

それに、彼の「ふーん」というのも、実は悪い反応ではありません。「俺は責められているわけじゃない」と思えるから、「ふーん」で終われるのです。相手に脅威を感じさせない言い方で気持ちをさしだすことができた、という可能性が高いのです。

反応がなくてつらいのだったら、「ひどいー！」「かなしいーーー」と言って、その場を離れましょう。「その後でまた戦いを始めない」ことだけ、心において。

Work
彼の反応に一喜一憂するのはやめよう。

セルフケア①自分のご機嫌とり

「負けるが花」をやってみようと思う皆さんに、ぜひ知っておいてほしいことがあります。

それは、**「女性がご機嫌でいること」には、実はとてもとても価値があるということです。**

目の前にいる女性が楽しそうにしていると、男性は安心してパワーを発揮することができます。夫は妻がご機嫌でいてくれるとほっとする、助かる、ということになりますね。

かつての私は、家を整えたり子育てをしたりして役立つ存在だから、夫もそんな私を認めてくれているのだと思っていました。もちろん家事育児を通じて家庭に貢献するのは大事な要素です。でも、妻の存在意義はそれだけではなかったのです。どうやら夫は、私が何もしなかったとしても、ただ機嫌よくしているだけで助かるようなのです。

私が朝、イライラしながら、不機嫌さをまき散らしてお弁当を作るくらいなら、お弁当はなくてもいいのです。私が仕事に疲れた様子で夕食のおかずを何品も作るよりも、手抜き料理をして、「あー助かったわ」と言って喜んでいるほうが、夫としてはまだ救われるのです。

夫が帰宅したとき、家の中はきちんと片付いていて、掃除もできている。でも、妻がイライラしている。自分に攻撃的な態度をとる。話を聞いてくれない。これは夫にとって、幸せではないのです。きれいごとの話ではなく、どうやら本当にそうらしいと、私は学びました。

イライラして爆発することを何度も繰り返した末に到達した結論、それは「妻が嬉しそうに楽しそうにニコニコしていると、それだけで夫は幸せになれる」ということです。

妻自身も、いつもご機嫌でいたほうが幸せですよね。だったら、自分で自分のご機嫌をとって、気分よく過ごせるようにしていきましょう。それを私は**「セルフケア」**と呼んでいます。

セルフケアはとっても大切です。ひとつ「負ける」にチャレンジするなら、ひとつ「セルフケア」をしてね。そのくらい大事なことだよ、といつも受講生さんに言っています。

自分で自分のご機嫌をとる、これの反対語はなんでしょうか。それは、「あなた、私の機嫌をどうにかしなさいよ」です。「私が今不機嫌なのは、あなたのせいよ!」です。

そう言いたい気持ちもわかります。パートナーである男性が、女性の不安や願いをわかってくれて、満たしてくれたら嬉しいですよね。でも、自分の機嫌のよしあしを、100%夫に委ねてしまうと、夫に負荷がかかります。自分の気持ちも不安定なままです。

「セルフケア」の第1は、自分の感情の乱れは、まず自分でケアする、面倒をみるのだと心におくことです。

Work

ひとつ「負ける」なら、ひとつ「セルフケア」する

セルフケア②疲れてくたくたになるまでがんばらない

自分の気持ちの面倒をみる「セルフケア」の方法を覚えると、落ち込んだときも、自分が自分の味方になれるので、早く立ち直ることができます。

どんなふうにしたら、できるのか？　ひとつずつ説明していきましょう。

自分で自分の機嫌をとるというと、自分へのご褒美にスイーツを買って…のようなことを想像される方もいらっしゃるかもしれませんが、一番といっていいほど大事なのは、**「疲**

れてくたくたにならないようにする」ことです。

家事をして、働いて、子供たちの面倒をみて、また朝になったら早起きして…となると、自分だけががんばっていて、誰かの犠牲になっているような、みじめな気分になりますよね。そんな状態では、「夫に負ける＝負けるが花」なんて無理。逆に、夫に対して「あなたは何をしてくれたのよ？」と戦いモードになってしまいがちです。

なんとなくイライラしているとき、機嫌よくできないとき、家事をする気力が出てこないとき。まず、ご自身に聞いてほしいのはこれです。

「最近、ちゃんと寝てたかな？」

私が子育て期間中に最もイライラし、子供にもあたってしまっていたときは、実は睡眠をあまりとれていませんでした。子供がなかなか寝てくれず、夜中に起こされることもありましたが、睡眠不足の原因はほかにもありました。

当時はカウンセラーを始める前の下積みとして、メール相談員をしていたのですが、子供を寝かしてつけてから夜な夜な、寄せられるご相談メールへのお返事を書いていたのです。毎晩深夜3時頃まで作業をしていた時期もあります。当然、次の日の朝は起きられません。身体の不調を引きずり、また子供にイライラするという悪循環になっていました。ご機嫌になんて、なれませんでした。睡眠が足りていなかったのです。ただ単に身体が疲れすぎていたのです。

ご機嫌になんかなれない。疲れた。あ、もう私のエネルギー残量がない。そう感じたら、まずはたっぷりと睡眠をとりましょう。

Work

疲れてくたくたになるまでがんばらない。毎日きちんと睡眠をとる。

セルフケア③ いい気分になれることをする

セルフケアの3つ目は、「いい気分になれることをする」です。まずは、「これが好き」「これをしていると気分がよくなる」というお気に入りの何かをざっと書き出してみるとよいですね。

私のセミナーでも、こういうワークをよくやります。好きな色、好きな人、ドラマ、映画、食べ物、場所、お店、カフェ、雑誌などなど、思いつくままどんどん書いていくのがポイントです。このホテルのラウンジが好き、この香水が好き、ネイルをしていると気持ちが上がる、この服屋さんに行くとうっとりするなども、忘れずに書き留めておきましょう。

これをしていると時間が経つのを忘れてしまうというもの、これは特に大事です。書いているうちに、昔好きだったマンガとか、昔熱中していたことなども思い出すかもしれません。そのようにして、少なくとも100個ぐらいリストアップしてください。

そして、その100の「気分よくなれること」にどんどん触れていきましょう。日々の生活の最優先事項としてよいくらいです。

私の場合は、こんな感じです。夫とはもともと国際交流の場で出会ったこともあって、家に外国人を呼んでホストファミリーをすることがふたりの夢、というか夫の夢でした。ホストファミリーをするならマンションよりも一軒家がいいということで、結局一軒家を買い、プライバシーを確保できるように、ふすまではなく、会議室にあるようなパーテーションで開閉できる和室まで造りました。

でも、私はと言えば、その案にそれほど乗り気ではなかったのです。「なんでここまでするの？　誰を泊めるの？　何日泊めるつもりなの？」と反対していたほどで、それでも最後は「ええ、あなたがそう言うなら」と受け入れたのです。

初めて2泊3日のホストファミリーをすることになったとき、私がまず考えたのは、「ホストファミリーとしてがんばる分、いつも以上にセルフケアが必要だわ。いつ、しようかな」でした。

そこで、ホームステイ予定日の前に友達との飲み会を満喫し、2泊3日の歓待を終えたら、お気に入りのホテルラウンジでゆっくりしようと計画しました。**先にセルフケアの日を決めたのです。**

ひとつ「負ける」なら、ひとつ「セルフケア」です。こうして心に余裕を持てたおかげで、不機嫌になって爆発することもなく、ホストファミリーとしての努めを楽しく終了することができました。

Work

「気分よくなれること」を100個挙げ、最優先事項としよう。

セルフケア④ 気持ちを吐き出せる場所を持つ

イライラやモヤモヤが溜まったままだと、いくら好きなものに囲まれていても虚しくなりますね。自分の中のドロドロしたものを、見ないことにするのではなく、ちゃんと付き合ってあげる、そして吐き出す場所を作ってあげるのも、「セルフケア」です。

私は、イライラして気持ちが乱れたとき、「瞬間日記」という鍵付き日記アプリに、その気持ちを書き出すということをよくやっています。人に言えないこと、人前で口にできない汚い言葉も、全部そのまま書いてしまいます。なので、そのアプリの中身は誰にも見せられません。墓場まで持っていく覚悟です。

私は何がイヤなのか。誰がイヤなのか。どう思うから、イヤなのか。どうしたいのか。どうだったら、自分は楽なのか。そういうことを全部書き出してしまうと、気持ちがすっきりします。

夫や他人の悪口、罵詈雑言も、書き込んでいってね、とセミナーでオススメしています。本人にぶつけるよりも、まず日記内で発散するといいのです。

書くのは苦手という人は、信頼できるお友達に話すといいですね。あまりにその話題ばかりだと友情が危うくなりますが、お友達が共感してくれるだけで、気持ちがふわっと軽くなることも多いはず。

お風呂の中でぶくぶくしながら気持ちを叫ぶという技を教えてくれた人もいます。とにかく自分の気持ちを吐き出す場所を作ってみてください。

Work

秘密を打ち明けられる「日記」または「友達」を持とう。

セルフケア⑤やめる、減らす、捨てる

数年前、私は年賀状を出すことをやめました。ただでさえ忙しい12月に年賀状の準備をする時間を捻出するのは大変で、「これ、本当に自分がやりたいことなのかな？」と胸に手を当ててよく考えてみると、そうではなかったからです。（子供が「年賀状を出したい！」と言うなら一緒に準備するつもりです。子供の分だけを）

また、下の子が生まれる前のことですが、ごちゃごちゃと散らかっている部屋がイヤでたまらず、このまま出産を迎え、赤ちゃんのお世話をする時期に入って、このごちゃごちゃが目に入ったら、絶対にイライラする！　と危惧していました。

そこで家中、「ときめきお片付け」を実行したのです。もういらないもの、今の自分に必要ないものは、どんどん処分しました。「いつか使えるかも」という理由でとっておいたものも、思い切りよく捨てました。こうして処分に継ぐ処分をしていった結果、スペースを占拠していた「もの」が格段に減り、空間にも心にも余裕が生まれました。

「やめる、減らす、捨てる」というのも、長い目で見るとセルフケアになります。毎日、自分の目に入る風景を変えるのも、自分を大切にすることのひとつですし、「自分の気分をよくすること」なのです。

Work
本当に必要なもの以外は「やめる・減らす・捨てる」を実行

自分の人生に責任を持とう！

ここまで、セルフケアについてお話ししてきました。「お腹の中では不機嫌だけど、表面上、夫の前ではニコニコと機嫌よく」というのをオススメしているわけではないこと、わかっていただけたのではないでしょうか。

「負ける」と「我慢する」は違います。「負ける」をする第一歩として、「私は今、どうしたいのかな」と考えることを習慣づけてください。

休みたいなら、「休むね」と言って休む。負担になっていることは、「これが負担なの」と言う。もし相手が受け入れてくれなくても、またの機会を見て頼むか、別の面からアプローチして、自分がくたくたにならないようにする方法を実践する。そして、相手の主張にも耳を傾けてみる。どうやっても無理なら、そのときは潔くあきらめる。そんなことを私は勧めています。

お腹の中の気持ちと、表面に出ている気持ちを、なるべく一致させていったほうがいいのです。それは、無用な我慢を減らすためです。

「夫がこうする」「夫はこんな嫌なことをする」というように、「夫が」「夫が」と他人を主語にしていると、他人軸の人生になります。つねに自分以外の誰かに意識を向けていると、いやでも、その人を見張ることになってしまいます。また、他人にエネルギーを注ぐことになるので、自分の中が空っぽになります。セルフケアもおろそかになります。
気持ちの矢印を夫に向けるのではなく、自分に向けて、自分の感じていることを見つめてみる。そうすると、自分が主語になっていきます。

自分を主語にして、生きていく。その土台の上に「負ける」をひとつひとつ積み上げていくと、簡単には崩れません。

Work

「私は」と自分を主語にして考え、自分軸の人生を生きよう。

あなたは男性にとってどんな存在？

「女性である自分って、男性（特に、大切な男性）にとってどういう存在だと思いますか？」

セミナーの中で、そうお聞きすることがあります。今ここで、あなたにも同じ質問をしますね。

「あなたという女性は、あなたの旦那さんにとって、どういう存在だと思いますか？」

このとき、あなたの中からどんな答えが出てくるか、それはとっても大切なことです。もちろん、答えはひとつではありません。自分は愛されてるなぁと思うこともあれば、やっぱり私って迷惑な存在なんだと思う日もあったりするでしょう。女性の気持ちは揺れ動きますから。

でも、「私は男性にとって、迷惑な存在。重いと思われている。最初はよくても、そのうち嫌われる」……自分のことをそんなふうに思っている女性と、「私の大切な人は、私のやることなすこと可愛いなぁと思ってくれている。だから優しく大切に扱いたくなる。いろんなものを与えたくなる。それが私という存在」と思っている女性とでは、その毎日がまったく違ってくると思いませんか？

「負けるが花」をしようと思うとき、これ、とっても大事だから覚えておいてね、と私はいつも言っています。

そしてもうひとつよく言うのは、**「やわらかくて、ふわふわしていて、その美しさに周りが影響されるもの。それが男性から見た女性だよ」**ということです。

「これ、あなたのことだからね～！」と私が言うと、皆さんだいたいはぽかんとした顔をなさいますが、それでも一生懸命にメモをとっていらっしゃいます。

容姿がどうとか、太ってるとか痩せているとか、そんなこととは関係なく、私たち女性は男性にとって美しい存在、女神なんですよ、と私は真剣に思っています。

しかし肝心の女性たちが一番、そのことを忘れているのかもしれません。

もしもあなたが、自分なんてたいしたことない、いい影響力なんて何もない存在だと思っているのだとしたら……嘘でもいいので、次のように言ってみてください。

「私の大切な人は、私にいろんなものを与えたくなる」

「優しく大切に扱いたくなる存在、それが私」

「やることなすこと可愛いなぁと思われている、それが私」
そんなふうに思ってもいいんだよと自分に許してあげることもまた、効果的なセルフケアです。

これを読んでくれているあなたにも、お伝えしますね。
あなたは、やわらかく、ふわふわして、美しい存在です。

Work

「私は夫にとって女神のような存在」と思ってもいい。

ごめんなさいの伝え方

「負けるが花」のことをブログ発信するようになって、もう6年近く経ちます。読者数は年々増え続けています。旦那さんと言い争いになってしまったときなどに、私のことを思い出してくださる方もずいぶんといらっしゃるようです。

「あのブログに書いてあった『負けるが花』って、こういう夫婦喧嘩のときこそ必要なのね。でも、今すぐにはできない。やりたくないし！」

きっとこんな感じで、記事を反芻してくださっているのだと思います。


さて、あなたは夫婦で言い争いをする羽目になったとき、自分から謝りますか？　それとも「相手が謝るまで、謝らない」でしょうか？

我が家の場合は、妻が喧嘩をふっかけても、夫が買ってくれない…という組み合わせです。いつも冷静で論理的な夫を前に、私ひとりが虚しく噴火しています。となると当然、事態収拾のために、私が謝るしかないのです。

「逆ギレしてごめんなさい」

「ひどい言い方してごめんなさい」

「また噴火しちゃってごめんなさい」

私が謝っているのは、「逆ギレしたこと」「ひどい言い方をしたこと」「噴火したこと」だけで、それ以外のことは何も言っていません。ですから、謝ったからといって自分が全て悪いと認めたわけではないし、卑屈になる必要もないのです。一度謝ったら、今後は相手の思うがままで、どんな場合も従わないといけなくなる、なんてこともありません。人権が奪われるわけではないし、相手の下僕になるわけでもないのです。

私が素直に謝っても、夫から返答はありません。でも、私の中では「これでおしまい」と区切りがつきます。この点だけは確かに私が悪かったと思って謝っているので、夫にも「ごめんね」と言ってもらいたいなどと期待せずに済みます。

夫婦喧嘩をしたら、「謝って終わりにする」ことをオススメします。

謝ることへの抵抗感をなくすために、**「どう考えても自分が悪かったと思うこと、その1点だけ具体的に謝る」**という方法を試してみるとよいですね。

「車を停めた場所を忘れた私が悪い。ごめんね」

そんな一言でいいのです。そのほかのことには触れずにおき、気持ちを切り換えて次に進んでいってほしいと思います。

Work どう考えても自分が悪かったことひとつだけを具体的に謝ろう。

可愛らしく甘えなくていい

フルタイムで、またはパートタイムで働いている。家事も育児もしている。――世の妻たちは、とても忙しく、とても疲れています。もちろん専業主婦の方も、疲れています。「夫にも、この負担をなんとかしてほしい」というのは、切実な願いだと思います。

「手伝ってほしい」「助けてほしい」「いたわってほしい」なんです。でも、それを口に出せない。出してもイヤな顔をされた。断られた。自分の思うようにならなかった。

「じゃあもういいわよ、あなたなんかに頼むよりも私がやったほうが早いわ！　なによ、役立たず！」という思いが生じ、それが一度ならず何度か積み重なると、「頼んでも、どうせ無駄」という気になり、「夫を頼る気になれません」「夫に甘えられません」という言葉になるのかなと、私は理解しています。

夫を頼ることも甘えることもできない理由として、ほかにもこんなことが考えられます。「甘えるって…ぶりっこして、可愛い声で、ねぇお願い♪　握りこぶしを口元にあてて、上目遣いで」という図を想像していないかな？　そして、自分はそんなキャラじゃないし！となっていませんか？

「頼る、甘える」って、ぶりっこして可愛くすることではありません。「頼る、甘える」とは、「これお願い」と言うこと、できないことを「できない」と言うこと、なんです。

言わないと、相手にあなたの気持ちは伝わりません。もちろん、可愛くお願いすれば効果的なのでしょう。私も夫に「美世ちゃん、もうちょっと可愛くお願いしてよー」と言われることがあります。でも顔の筋肉が固まってしまって、うまくできませんね。できない人にはハードルが高いのです。

「疲れてくたくた」「もうできない」「もう無理」「助けてほしい」「いたわってほしい」、と本音を明かしたくても明かせずにいる自分って、いったいどれだけがんばっているんだろう。それを思うと、涙が出そうになりますね。**限界ギリギリまでがんばっているのだから、何かお願い事をするなら「可愛らしく」「相手が受けとりやすいように」なんてことにまで意識がいかなくて当然です。**

可愛くお願いするのが苦手な人は、そうしなくていい。**野太い声で、セリフも棒読みでいいよ。**私はいつもそう言っています。

「これ、私できないから、やって」(野太い声で棒読み)

「きつい言い方して、ごめんなさい」(野太い声で棒読み)

「さみしい」(野太い声で棒読み)

可愛くできるかどうかよりも、今の自分の状態を相手に伝えようとしていることにとても価値があるのです。伝えたあと、相手がどうするかは、相手の自由です。あなたは、自分の気持ちをはっきりと口にできたことを喜んでください。そして、そんな自分をねぎらってあげてくださいね。

第2章

セックスレス・性の悩み

「しない」ことが問題なのではない

女性たちからいただくご相談で一番多いテーマは、夫婦間のセックスレスです。「夫がセックスをしたがらない」「夫はまだ求めてくるけれど、私のほうがもうしたくない」というような内容です。

しかし、夫婦がセックスをしないこと自体は、それほど深刻な問題ではありません。結婚して長い年月が経てば、セックスの頻度が減るのも自然なことです。しなくてもお互いに納得できていれば、何の問題もありません。

問題なのは、ふたりの「したい・したくない」の度合いが著しく違うことです。そして、**そのことについて「会話」や「コミュニケーション」がないことが本当の問題なのです。**

大切な異性とのセックスやスキンシップの時間が欠かせない、人生には絶対に必要なものと感じる人と、そこまでは感じない人とがいます。自分はそれが大切で好きだと感じる人と、大切かもしれないけれど、別に好きではないと感じる人もいます。それがないと困る人と、なくても別段困らない人がいます。それで愛を感じたい人と、別のことでも十分愛を感じられる人がいます。家庭を持っても、子供がいても、そういう関わりをいつまでも大事にしたい人と、子供がいるからもう目的を果たしたし、もうそういうのはいいかなって人もいます。

どちらがいい悪いという問題ではなく、ただ、そういう違いがあるのです。そしてこの性質は、恋愛中はこうだったけど、結婚したら変わった、子供を持ったらまた変化があった、というように、ライフイベントを迎えるにつれ、変わっていくこともあります。

あなたの性の性質はどうでしょうか。あなたは自分の性の性質をご存じですか。そして、そのことをパートナーにさしだせているでしょうか。何らかの変化があったとき、「今こんなふうに変わってきている」と打ち明けられているでしょうか。

自分の性質をしっかりわかっている人は、案外と少ないものです。自分の性質を大事にしながら、パートナーに対し、折にふれて言葉で伝えることができている人は、もっと少ないようです。このことが、カップル間の様々な性の悩みを生むと、私は考えています。

よくあるセックスレス事情

いただくご相談をおおまかに分類すると、

- **結婚前から、すでにセックスレスだった**
- **片方が子供を持つことを目的にセックスしている（その目的を果たしたら、もう行為はいらない）**
- **産後、夫婦の性関係が崩れて、お互いに立て直せない（仕事や家事育児で疲れている。タイミングが掴めない。お互い、異性というよりも「家族」としか感じられない。意見が対立しているのでセックスどころじゃない、など）**
- **付き合いを始めて、もしくは結婚してから長い時間が経ち、ふたりの性の性質に顕著な**

ずれが出てきた

という4つに分けられます。３つめが最も多いご相談ですが、お悩みの状況は人それぞれで、まさに多種多様です。

その結婚、ちょっと待った！

あるクライアントさんから、「結婚を前提に交際中の彼がいるのですが、セックスレスです。子供もほしいので彼に話したところ、『結婚したらがんばる』と言ってくれましたが、このまま結婚していいのでしょうか…」と、相談メッセージをいただきました。この女性はきっと、彼のことがすごく好きで、このまま結婚したいと真剣に考えているのだと伝わってきますが、カウンセラーとしての私の見解は、「その結婚、ちょっと待って！」です。

結婚するときには、自分と相手の価値観が似ているか、また、お互いの家族の状況など、考慮すべき事柄がたくさんあります。つまりは、相性を重視するわけですね。性の性質が合わないからといって結婚をやめる人は少数です。

でも、カップルが同棲を始めれば、セックスは時とともに減ります。正式に結婚した場合も、もちろん同じです。**結婚前からすでにセックスレスのカップルは、結婚後はさらにレスの状況が進みます。**

このことを知らない方が多すぎます。「結婚したらがんばるよ」と言っていたはずの彼が、結婚してしばらくすると、「やっぱり無理だった」「その気になれない」と言い出すことが本当に多いのです。

女性側が妊娠を望んでタイミングをとりたいとき、不妊治療に踏み切って夫に精神的に支えてほしいとき、または産後のセックスを再開したいときなど、女性はそのたびに悩み、モヤモヤした気持ちを抱えて苦しむことになります。男性側はそれにほぼ応えられない状態。そうなることが目に見えています。

こういうことをいくら説明しても、ほとんどの方は「がんばってみます」と言って結婚の方向に向かいますが、実際にその状態で結婚した妻たちは、その後、声を揃えてこう言います。

「結婚すれば何とかなると思っていた。だけど、本当に、何ともならなかった」

男と女が一緒に暮らし出せば、セックスは減ります。これはある種自然なことなのです。あなたが、スキンシップやセックスのある人生を送りたいという性質の持ち主ならば、そのことを早い段階で相手に伝え、自分の性質を大切にできる男性と結婚してほしいと思います。

拒否されることの心の痛み、苦しさ、悲しさ

「セックスを拒否されてつらい」というのは、私自身も、結婚前にお付き合いしていた男性との間で経験したことなので、その心の痛み、苦しさ、悲しさがよくわかります。そして、このことをいかに人に言いづらいかも、よく承知しています。

「もう女として終わりなのかなと思うと悲しい」
「他のご夫婦に聞くわけにもいかないし、うちだけがこうなんだと思って、よけいつらくなる」
「不妊治療のために、私は仕事を休んでまで病院へ行って注射を打ち、排卵日は準備を整えて待っているのに、その日に夫に断られると怒りが湧く」

「夫は自分ではしているようなのに、私が誘うと断る」

「下着を変えたり、食事を変えたり、夫にサプリを勧めたりと、何とか相手に変わってもらおうとしたけれど、うまくいかなかった。もう疲れました」

そんなお声を聞いていると、セックスを拒否されるつらさの中心にあるのは、「あぁ、夫は私のことを受け入れてくれないのだな」という絶望にも似た気持ちではないかなと思います。


しかし男性側は、時として、実に心ない言葉を口にすることもあるのです。

「君のことはもう、子供の母親としか見られなくなった」

「またその話？　いい加減にしてくれよ」

「そこまでこだわるなんて、おかしいんじゃない？」

そんな夫の一言で、深く深く傷ついている女性はたくさんいます。

愛されている証拠がほしい

「セックスの有無で、愛されているかどうかを確認してしまう」とおっしゃる女性は少なくありません。セックスがあってほしいから、勇気を出してこちらから誘っているのに、拒否される。とても心が傷つくと思います。

男性よりも、女性のほうがどうしても、セックスと愛情を結びつけて考えます。「愛してくれているなら、私とセックスしたいと思ってくれるはず」という気持ちを持ちやすいのです。それが叶えられないと「私は愛されていないの？」となってしまい、セックスがしたいというよりも、「愛されている証拠がほしい」という焦燥感が強くなっていきます。

そんなときは、「愛情表現のすり合わせ」をしてみるとよいですね。「あなたにとってセックスとは？」と、夫婦で話してみてほしいのです。

「自分にとってセックスとはどんなもの？」と、まずは自分に問いかけてみてください。そして、パートナーにも、この質問の答えを聞いてみるのです。

自分にとってセックスとは、「興味津々で、一生かけて追求したい行為」であったとしても、彼にとっては、「適度にあればいい」という感じかもしれません。

この場合、相手から積極的に誘われるということは、おそらくないでしょう。だって、相手は適度でいいのですから。でも、だからと言って、「彼に愛されていない」わけではありません。ふたりの価値観が違うだけなのです。

次に、こちらも確認してみましょう。

あなたにとって、どうされたら「愛されている」と感じますか？

あなたは、相手に「どうしてあげる」ことが愛情表現だと思っていますか？

この答えをまず自分の中で出します。そして、パートナーにも同じ質問をしてみるのです。

彼にとっては、家に帰ってくること、一緒に出かけることなどが愛情表現かもしれません。そういうケースも実際によくあるのです。

ですから、セックスという形ではなくても、彼はあなたを愛していることを伝えていて、あなたは彼に愛されている、そういう場合もあるのです。

女として魅力がある、と思わせてほしい

どんなときに、あなたは自分を女だなぁって感じますか？　セックスをしているとき？　子供と触れあいながら、ゆったり過ごしているとき？　おしゃれをしているとき？　スカートの裾がふわっと風に揺れるとき？　彼に頭をなでてもらうとき？　きれいにネイルされた指先を見るとき？

ただセックスをするだけでは物足りなくて、彼に求められることで、自分は女として魅力があるんだ、自信を持っていいんだと確認していることも、あるかもしれません。

でもこれには危険な落とし穴があり、「求められない＝女として魅力がない、自信が持てない」となってしまうことが多いのです。

自分は女としての魅力に本当は自信がない。だからセックスという行為を通じて安心させてほしい、と切望しているので、よけいにセックスレスのつらさが増してしまいます。

ということは、セックスが必要というよりも、例えば、パートナーに「可愛いね」「素敵だね」って言ってもらう機会を作るだけでも、気持ちは満たされるかもしれません。

私がカウンセラーとして経験してきたことから申し上げると、**パートナーとのセックスレスで悩んでいる女性の約7割は、「セックスを、愛されている証拠にしていないか？」「セックスで自分の女としての魅力を確認していないか？」と自分に問いかけていくことで、気持ちがある程度収まっていきます。**彼がセックス以外の方法で自分を愛してくれていることを知ったり、自分の女としての自信はセックス以外のことで持ってもいいとわかってくるからです。

あとの3割は、「セックスという行為を通じて愛情を確認したい性質」が強い女性たちです。セックスをすることで女としての自分を感じるのが好き、という方たちなのです。これはこれでいいのです。自分の性質をしっかり知ることがとても大事です。

セックスの話をするときも「負けるが花」

かつて私は、セックスレスについてパートナーと話し合うことを、あまりオススメしていませんでした。ただでさえ感情的で限界ギリギリになっている状態でこの話し合いをしてしまうと、「どうしてしてくれないの?」「なんでなの?」と相手を責める言い方になりがちです。そうなると、相手が感じるのはプレッシャーだけで、一方的に責められたという感覚になってしまうのです。

しかし私は、「負けるが花」というコミュニケーション手法を伝え始めたことで、性に関するコミュニケーションにおいても、「負けを覚悟で」向き合うことが有効だと気づいたのです。「恥ずかしくても、自分の本当の気持ちを相手にさしだす」「そのためにもセルフケアが大事」「相手の反応は相手のもの」「相手をコントロールしない」「相手の意見も聞いてみる」ということに、実際に大きな効果があることも、今でははっきりとわかっています。

それは例えば、「私はしたいと思ってるよ」と気持ちをさしだし、その言葉に対して夫がどうするかは夫に任せる、ということです。

セックスの話をするときに「負けるが花」の姿勢で臨むと、**相手は、こちらが思ってもみなかった心の内側を打ち明けてくれることがあります。**これはとても素敵なことです。

もちろん、そうなるためには、**夫婦が日常的に親密感のある会話をしていることが必須**です。普段は温かい会話がないのに、セックスの話だけうまくいくはずがありません。

そして、妻が自分の願いを夫に伝えて、叶えてもらっている。それを喜んでいることを表現して、夫はまた、「妻をもっと喜ばせたい」と思っている。そんな親密感が循環している、という土台も必要です。

こうした土台がまだ整っていない場合は、焦らなくていいので、第1章の内容を、ゆっくり実践してみてください。

付け加えて言うなら、セックスやセックスレスの問題を夫婦で話し合うには、その人の状況によって、最適な方法が大きく異なりますので、できれば個別にカウンセリング・アドバイスを受けてほしいと思っています。

彼の本音を聞きたい、引き出したい

Dさんは、3人のお子さんをもつ主婦の方です。「夫は仕事が激務になったことを契機に、

ＥＤ気味になってしまい、それからレスになりました」とメッセージをくださいました。

Ｄさんとはいろんなやりとりをしましたが、最終的に私からは「旦那さんの言われるように、『今はそっとしておいてほしい』という願いを受け入れてみませんか？」とお伝えしました。そっとしておくというのは、今この状態でＤさん自身が何をすればよいかを考えることもやめる、いったんすべてを放棄する、ということです。ＥＤやセックスレスについてネットで情報検索するのもやめる、「今日はどうかな」と夫の様子を伺うのもやめる、といったレベルです。

それはＤさんにとって、事実上「あきらめる」ことです。いったんは完全に「負ける」ことです。

しかし、負けを認めることでのいい変化もあります。Ｄさんは私とのカウンセリングを通じて、様々な気づきを得ました。「私は女としての自分に自信を持ちたいから、セックスを必要としていた。**でもそれって、相手からもらうものじゃない。女として自信を持つって、私が自分でなんとかできることだ」**と、言葉にして表現できるようになっていったのです。

その後、気持ちがだいぶ落ち着いたDさんは、感情的にフラットな状態で旦那さんと話をされました。

「私はスキンシップしたいな。あなたは、キスもハグもしたい気持ちにならない？」と、自分の素直な気持ちをさしだしたところ、旦那さんから、ちょっと意外な本音を聞けたそうです。

「キスやハグなら、仕方ないからとか義務だからとか思ってするわけじゃない」「でも恥ずかしさはある」「ただ、自分のが勃たないかもという不安がある」「できればレスを解消したい気持ちもある」と、旦那さんは打ち明けてくれたのです。

「彼から、ここまで前向きな言葉を聞けたことはなかったです」と、Dさんは喜んでいらっしゃいました。Dさんご夫婦は、その後も山あり谷ありでしたが、ついには旦那さん自ら、「クリニックで治療をしてみる」と動き出したという段階に今おられます。

夫婦のコミュニケーションについて、「1ミリでもいいので、前に進んでみますか？」「はい、そうしてみます」というやりとりを、クライアントさんとすることがあります。このDさんもそうですが、自分にできることを、時間がかかってもいいから、勇気を出してやってみる…その繰り返しをしている方からのメッセージには、いつも心を打たれます。

セックスの話、どう切り出せばいい？

「夫を目の前にしてセックスの話なんて、どう切り出していいかわかりません」
「夫にどう伝えたらいいですか？」

と質問されることが多いのですが、私はそこに、「できれば自分は傷つかないで、自分の希望通りの答えがほしい！」という気持ちが潜んでいるように感じられてなりません。「夫にどう伝えたらいいですか？」というのは、「どう言えば、妻の私は傷つかずに済みますか？」と聞いているのと同じだと思うのです。

私の答えはこうです。**勇気を出して相手の目を見つめ、「大事な話があるの。時間とれる？」と、シンプルに聞いてみましょう。**なんとか自然にその話をしようと思うと、よけいにできなくなります。そこは「負ける」ところです。

改まってそんな切り出し方をするのは絶対によくない、相手にプレッシャーを与えるだけだと主張する方もいらっしゃいますが、私はそうは考えません。セックスのことは、あなたにとっては大切なこと。相手が動揺したとしても、そのことを相手に伝えることのほうが大事だと思うのです。

ただ、タイミングを選びましょう。最もよくないのは、夫が仕事で疲れて帰ってきて、さぁ寝ようというときに、妻のほうからそれとなくセックスを誘いかけ、休みたい夫に断られてしまい、妻はこれまでの我慢が一気に爆発！

「ねぇ、どうしてしてくれないの？　私の気持ちをわかってくれないの？」と喧嘩を始めてしまうことです。これには、どんな男性も絶望的な気持ちになるそうです。

それに比べれば、特に用事のない休日など、妻がいつもと違って素直に、ストレートに、そしてシンプルに自分の気持ちを伝えてきたら、夫は一瞬「何事だ？」と動揺しても、静かに耳を傾けることができるでしょう。

今なら落ち着いて話ができる、そんなタイミングが訪れるのを待ちましょう。そして時を逃さず、「あなたのこと」を彼に伝えてください。例えば、こんなふうに。

「私は、セックスやスキンシップを大事にして人生を生きていきたい人なの」「だけど、最近はそれがないからちょっと悲しくなってる」

自分の今の状態を、夫の前でさらしましょう。そして、夫にも夫の考えや希望があるはずなので、途中でさえぎったり、否定したり、責めたりせずに、最後まで聞いてください。

しかし、往々にして男性は話すことが苦手で口下手です。あなたが聞きたいと思っている本音をなかなか明かしてくれないかもしれません。

相手の思いを聞けなくても、あなたが自分の思いを伝えるだけで、ずいぶん気持ちはすっきりすると思います。

その場で結論を出す必要もないのです。「お互いに、自分の性のことについて話す」、これができている夫婦は多くありません。話をしようとアプローチしてみる、それだけで価値のあることです。

「0か100か」ではなく、その中間を探す

夫婦の間に「性の不一致」が生じると、たいていの場合は「0か100か」「白か黒か」というように、発想が極端になってしまいがちです。つまり、自分の希望通り「できる」か、まったく拒否されるか、ふたつにひとつになってしまうのです。逆の立場から言うと、頑として拒否するか、我慢して相手の思い通りになるか、という二択です。

夫婦がお互いに性のことをあまり話せずにいると、この極端さに拍車がかかります。「するならするで、今後もずっとし続けないといけないのか」「しないならしないで、もう一生しないのか」、となってしまうのです。

0か100か、または白か黒かどちらかしか選択肢がないと思ってしまうと、とても苦しいものです。選択肢が増えると気持ちは楽になるはず。0か100かの、その中間に、きっ

とふたりの答えがあります。それを探してみましょう。

先述のDさんの例でいうと、旦那さんはED気味なので挿入は難しいそうです。でも、「スキンシップはイヤなわけじゃない」と言ってくれたとのこと。ならば、キスやハグだけして寝る、というのをリハビリ的にやってみることもできますね。パジャマのまま10分ハグして、離れる、おやすみをする、という方法でもいいのです。

スキンシップをしたい欲求と、挿入されたい欲求の2種類を、分けて考えてみることで、「その中間」が見えてくることもあります。

スキンシップは夫に満たしてもらう。挿入されたい欲求は、自分でしたり、ラブグッズで何とかする。そんな方法もあるのです。

「分けてもいいんだ」という考え方を採用すると、少しどころかずいぶんと気が楽になるはずです。

「その中間」の探し方として、自分が持っているこだわりを捨てることも大切です。セックスは、こうしてああして最後は挿入して、男性が射精して終了するものと思い込んでいる方は、その型通りのほうがいいのだという考えを手放してみましょう。

「するならここまでしてよ」っていう期待。「そんなとこまでできないよ」っていう拒絶。そうやってお互いに譲り合おうとしないから、0か100かになってしまうのです。

中途半端でもいいんです。最後までできなくてもいいんです。くっついてあったかかったね、で、あとは、自分で満たそうか、でもいいんです。

「今日はここまでにしよう」「こうしてるだけでいいよ、少しの時間だけ」「それしなくていいよ」「何ならできる?」――そんな会話が、あなたと彼だけのオリジナルの性的関係を作ってくれます。

セックスは夜にするものというこだわりを捨て、朝に誘うようにしたらうまくいったというカップルもいます。「その中間」を見つけられたのですね。

夫はしたくない、私はしたい。もうどうにもならない？

これまでにたくさんの女性から、「セックスを拒否されているつらさ」をお聞きしてきました。その女性たちのお話を通して、「拒否している男性の言動」もまた、たくさん伝わってきます。

男性側の断り文句は様々です。「そんな気にならないから」「そっとしておいてほしい」「そう言われると、よけいにする気がなくなる」「そのうちね」というのに始まり、「もうそういうふうに見られない」「明日も仕事だし」「腰が痛いから」「子供が起きているから」「子供が寝てるから」。果ては、「夏で暑いから」「冬で寒いから」と、いろんな言葉が出てきます。「（君が）気持ちを殺せ」と夫が言い放ったという例もあります。

つまるところ、**「したくない」と思う夫が考えているのは、「この話題が出なければいいのに」「この話題を聞きたくない」「この話題が出ませんように」ということなんだなぁと感じます。**

ですから、「これを言っておけば、しばらくこの話題が出ないんじゃないか」「こう言えば、妻はこの話題をもう出しにくくなるんじゃないか」と思うようなことを言います。「したくない夫たち」は、妻とのコミュニケーションからただ逃げているのです。ここが、私にメッセージをくださる「したくない女性たち」とは違うところです。

こういうご夫婦の間では、ただ時間が過ぎていくだけになることが多いのです。妻は、人生にスキンシップやセックスがあってほしい。夫にとっては、それはなくても別にいい。そのことなら、これまでにたくさん話し合った。気持ちも伝えた。相手の気持ちも聞いた。でも、どうにもならない。――現実にそういう場合も多々あります。

そんなときには、私はカウンセラーとして、「これまでたくさんがんばってこられましたね。もう十分に、自分にできることをされたと思います。**これからは、自分の性質を大切にした生き方をしてもいいんじゃないでしょうか？」**とお伝えします。

そして離婚を選ぶ方もいれば、夫婦関係はそのままにして、婚外に身体のパートナーを持つ方もいます。子供の親としての責任を果たして、夫婦はただシェアメイトのように暮らす場合もあります。

昔だったら、生活のため、子供のために、これからの長い人生においてずっと、スキンシップやセックスという、自分の幸せを作ってくれるものがなくても「ただ、我慢する」という選択しかありませんでした。我慢して当たり前だと、女性に求められていたと思います。

でも、自分を一方的に犠牲にし続けるって、どうなんだろう。新たな幸せの形を探してはいけないのだろうか。と考える女性たちが増えています。既婚女性の恋愛も近年とみに増えていますが、その裏には、**もう自分だけが犠牲になることをやめたい**という、切なる思いがあるように感じます。

もうこれ以上はどうにもならないなぁと判断したとき、新しい選択のステージがやってくるのではないでしょうか。

一番言いたいこと、言った？

Eさんは30代前半の女性で、4年ほどの交際期間を経て、4カ月前に結婚しました。

ところが、幸せの絶頂であるはずの新婚生活が始まって早々に、Eさんが誘わないと旦那さんはセックスをしようとしなくなり、しても途中で中折れし、行為が次第に遠のいてきたそうです。

夫婦で話し合ったところ、「セックスっていうのは、いずれはしなくなるんだし、なくてもいい行為だよね」と言われてしまい、傷ついています。

さて、ここで私が知りたいのは、**Eさんは本当に自分の言いたいことを旦那さんに言えたのかどうか**、ということです。

人は、大切なことほど口にしにくいものです。心の奥のやわらかな部分に触れるような、デリケートな話題になると、どうしても言葉を濁してしまいがちなのです。

Eさんは旦那さんから、「セックスっていうのは、いずれはしなくなるんだし、なくてもいい行為だよね」と言われてショックを受け、自分の気持ちについては何も言えなくなったまま、傷ついています。

このとき、Eさん夫婦は浮気・不倫の土台を作ってしまったとも言えます。

「あっ、自分はセックスの喜びがなくても我慢しないといけないんだ。もうこの人とは無理なんだ」とEさんが判断してしまった・判断せざるを得なかった、その瞬間に、夫婦の間に見えない溝が生じてしまったのです。

大事なのは、ここなのです。

「私はセックスがなくてもいいなんて、全然思っていない」

「私は、その行為を大事にして、生きていきたい人なの」

「私、セックスレスについて書いているカウンセラーのブログを読むくらい、このことで悩んでるの」

「あなたにとって、なくてもいい行為ってことは、私はこの先ずっとひとりでさみしく我慢しないといけなくなる。そんなのとっても困る。悲しくてたまらない」

「私はセックス＝挿入、射精だなんて思っていない。途中でできなくなるとか、そんなことはどうでもいいから、あなたと触れ合う時間を持ちたい」

「性についての性質がお互いに違うのはしょうがないけれど、できる工夫をしたいと思っている。あなたにも考えてほしい」

そう伝えていいのです。「結婚して4カ月。あなたは私のパートナーなんでしょ。だったらもっと考えてよ！」と言っていい時期です。特に、「カウンセラーに相談してしまうくらい悩んでる。ひとりで困っている。あなたにも考えてほしい」ということは、ぜひ相手に伝えてほしいと思います。そして、相手を困らせてください。相手を悩ませてください。相手にも考えさせてください。

相手を困らせるというのは、これまでずっと「いい子」として生きてきた人には思いつかない発想かもしれません。そのため、何事にも遠慮がちで、幸せを追求することに対しても、我慢したり、犠牲になったりすることを選んでしまいます。

このEさん夫婦の場合がまさにそうですが、性について話すことに慣れていないと、相手が口にしたちょっとした言葉で傷つきやすいものです。

怖いけれど、「話してみる」「伝えてみる」「相手のことも聞いてみる」を繰り返してみませんか。次第に心が強くなり、お互いに話せることが増えていきます。

Eさんご夫婦も、今はすっかり仲直りをされ、旦那さんが「俺も努力するね」と言ってくれているようです。

「したがらない夫」を困らせてもいいから、自分の気持ちを伝えよう

Fさんという女性も、旦那さんとのセックスレスに長年悩んできました。そして今は、婚外恋愛が進行中。定期的に会う彼がいるのです。しかしお子さんがいらっしゃるということもあり、家族をとても大切にしていらっしゃいます。旦那さんとも、家族としてとても仲が良く、会話もあります。でも、「セックスはできないよ」と釘を刺されているそうです。

以前、そんな話し合いから言い争いになり、「もうできないなら、あなたも苦しいだろうから、私はもう外に求めるしかない」とFさんは爆弾発言をしました。それに対して旦那さんは、「他の人とはしてほしくない」と言ったそうです。

「自分はとにかくしないの一点張りで、私には我慢しろって！　そんなの生殺しじゃないですか！」とFさんは怒っていました。

Ｆさんの怒りももっともです。日々、とにかく家族として穏やかな生活が続いていけば、夫の願いはずっと叶い続けるのです。夫は自分の性質を大事にして、「できない、したくない」と妻を拒絶し続け、セックスのない生活に満足していられます。

しかしＦさんは納得がいきません。私のブログの熱心な読者でもあったＦさんは、ブログから学んだ通りに、旦那さんにアプローチし続けました。

「私はスキンシップやセックスを大切にして生きていきたい人なの。あなたはそうではないよね。そして今、**あなたはあなたの性質を大事にしているよね。私も、私の性質を大事にしようと思ってる**」

と伝えたのです。旦那さんは、しばらく無言でしたが、「（夫婦でセックスできるかどうか）考えてみる」と答えられたとのこと。

そのとき、すでにＦさんには恋人がいましたが、ちょうどその彼とあまり会えない状況になっていました。それでＦさんは、「夫がこれからどうするのか、ちょっと様子を見てみたいと思います」とおっしゃっていました。

このあとＦさんの旦那さんがどう行動されるのか、それによってＦさんがどんな気持ちになるのかはまだわかりません。でも、**Fさんが一歩深い気持ちを伝えたことで、旦那さんもこれまでとは違う反応をしているのです。**夫婦の性が合わなくて苦しいときに、自分だけを犠牲にしないでくださいね。

「このひととは、もう一生しない」と決めるなら

先述のFさん夫妻はその後、旦那さんが少し歩み寄り、「自分はしたくないけれど、妻にとってそれが大切なら、努力してみる」という方向に進んでいるようです。

このように、性の性質が絶対的に違う夫婦であっても、お互いに少しずつ歩み寄れば、必ず行きつくポイントがあるのだと私は感じています。

ここで大事なポイントは、したい人と、したくない人がいて、どうしても折り合わない

場合に、したい人のしたい気持ちをどう尊重すべきかという点です。

現行の婚姻制度では、結婚相手以外とセックスをすれば「不貞行為」と見なされます。これについて社会学者の上野千鶴子さんは、こう表現しています。結婚とは、「自分の身体の性的使用権を生涯にわたって特定の異性に対して排他的に譲渡する契約」（「ザ・フェミニズム」から引用）であると。要するに、自分とセックスする権利は、配偶者がその一切を持っている、ということです。

この表現をお借りして、私はこう付け加えたいと思います。自分と性的に関わる権利を渡したはずの夫が、その権利を使おうとしないこともあります。それだけではなく、「自分はもうしないけど、君は僕と結婚しているのだから、したい気持ちは一生我慢してね」と、こちらの自由を奪われることもあります。セックスレスでの一番のつらさはここにあるとも言えます。

自分がもうしないと決めるなら、今は自分のところにある「相手と性的に関わる権利」を返してあげてもらえませんか？と私はお伝えしたいのです。

もちろん、不貞行為をしてはならないという婚姻制度の決まりにより、守られている女性もたくさんいます。けれど、**人には、自分が性的に誰と関わって生きていくか、決める自由があってもいいのではないか**、とも思うのです。

このことをブログに書いたところ、ものすごい反響があり、賛否両論いただきました。「うちでも、セックスは他の人としてもいいと夫に言われています」というメッセージもありました。その結論に至るまでに、数え切れないほどたくさんの喧嘩、そしてまた話し合いと、気持ちのさしだし合いをされたことでしょう。

話し合おうともしてくれない相手であれば、「私は私の性質を大事にしていくね」と、そっと気持ちをさしだしておきましょう。そして、その後の人生をどうするかは、あなた自身が決めていいのだと思います。

夫とセックスしたくない妻のつらさ

夫とセックスしたくないという妻たちからも、たくさんのメッセージをいただきます。

「産後、無理になりました」

「結婚したら、そんな気持ちにあまりならなくなりました」

「したくない、と夫を傷つけないように伝えていたつもりでしたが、全然伝わってなかったと知り愕然としました」

したくないと相手に言われるのも相当につらいのですが、したくない側もまた別の苦しみを味わっています。

「断ると夫の機嫌が悪くなるので、仕方なくしています」

「我慢していますが、私やっぱり気持ちよくないんです」

「夫のことを男として見られません。いい人だとは思うけど…」

「夫に『なんでできないの?』と責められるのがつらいです。自分でもどうしてなのかわかりません」

「ハグやキスならいいんですが、セックスはできないんです」

「夫とじゃなかったらできるかもしれないけど…」


「どうしたら夫は、私としようとするのをあきらめてくれるのでしょうか?」と、相手を変えようとしている妻もいれば、「私が変われるのであれば、セックスに対するこの嫌悪感をなんとかしたい」と考えている妻もいて、どちらにせよ、この「イヤ〜な感情」に向き合おうと心を決め、お金を払って相談に来てくれるという行為に、私はただただ、旦那さんへの愛情しか感じません。すごいなぁと思います。同じく「セックス拒否」であっても、夫たちには、残念ながらあまり見られない行動です。

カウンセラーとしての経験から言いますと、「したくない妻+したい夫」の組み合わせのほうが、解決への道を見つけやすいようです。自分の中の「イヤな感じ」「感情」と向き合う力は、女性のほうが圧倒的に強いからです。
また、これは少し悲しいことでもありますが、妻の側は「今の状態を変えないと、離婚されてしまう」「明日からの生活が成り立たない」と危機感を抱いているという事情もあるでしょう。

夫婦の性のあり方、その背後には、様々な要素が複雑に絡んでいます。

夫と妻、それぞれのセックス観、性の性質
妊娠・出産・育児期をどう過ごしてきたか
お互いにどんな不満があって、それをどうしてきたか（我慢する、話すなど）

これらの要素から生まれた結果が「今の状態」です。ですから、仮に今、二進も三進もいかない状態であったとしても、その背後にある要素を一つひとつ解析していくと、解決につながるヒントをいくつも発見することができます。
そのようにしてうまくいくことの多かった例を、いくつかご紹介していきますね。

セックスを拒否することで、夫に仕返ししていませんか？

夫とはずいぶん喧嘩をしてきたけれど、それよりももっと、大きな恨みになるようなことが起こった。すごく腹が立った。絶対許さない！　と思った。よし、復讐してやる。え、セックスがしたい？　絶対お断り！　私はまだあのことを怒ってるのよ。ひとりでさみしく寝れば？　ふん、いい気味！

というように、セックスを拒否することで、妻が夫に仕返ししているというのは決して珍しいことではありません。

Gさんは、結婚して10年以上になり、小さいお子さんが2人いらっしゃいます。旦那さんはセックスで幸せを感じたい人のようです。でもGさんは違うのかもしれません。

「夫としたいと思えないのです。無理やりしようとすると、自分を傷つけているような感覚になってしまいます。でもある日、夫から、セックスがない生活は僕にはもう耐えられないと言われ、暗に離婚をほのめかされました。どうしたらいいでしょう」と相談のメッセージをくださいました。

さらに詳しくお聞きしていくと、おふたりはお互いに好きな気持ちはある。ただ、性のことだけがうまくいっていない。そんな印象でした。

そして、Gさんが「もともと男性に甘えたり、スキンシップしたりするのは好きだった」とおっしゃるところを見ると、「したくない性質」ではなさそうでした。ご自分で思っているのとは違う、ということもあるのです。

「何か、とてつもなく大きな怒りや恨みを感じることが起こって、旦那さんに対して、心が閉じちゃったということはありませんか？　二度とあなたに心を許さない！　と決めたような感じ。**その復讐として『セックスなんかしてやらない』というかたちで表現しているような気がするのですが…**」とお聞きすると、

「ビックリしました！　本当にそう…それです！　夫と喧嘩すると、理不尽に逆ギレされ

たり、こちらの話をまったく聞いてもらえなかったりして、すごくイヤな思いをしてきたんです。もうやってられない！　私はどうにかして仕返ししてやる！って思ってた時期がありました…」

Gさんは、もう6年近くも、無意識にその仕返しを続けてこられたのです。旦那さんもボロボロになっておられました。

「Gさん、旦那さんも結構苦しんだようですけど、その仕返し…まだしたいですか？　旦那さんの望みを叶えてセックスをすると、負けたように感じてしまってイヤでしょうけど…」

ここでGさんは、「!!!」となります。**自分がセックスしたくなかったのは、夫に屈服して望み通りにすることへの拒否、つまり「負ける」ことへの拒否だったからです。**

こういうときこそ、「負けるが花」の出番です。セックス以前の問題として、大きな怒りや恨みを感じて心を閉ざしてしまった妻。そんな妻の心を開くにはどうしたらいいのでしょうか。それは、旦那さんに対して、これまですることのなかったことをしてみるといいのです。

Gさんには、こんな方法を試してもらいました。

「私、あなたと喧嘩するたびに言い負かされて悔しかったから、なんとかして復讐してやりたかった。それで、『セックスなんかしてやらない！』って決めたの。えへ、ごめん…」

「仲のいい夫婦はセックスしているのに、って言われると、自分がおかしいんだと言われているような気がして、そんなふうに私をおかしな人扱いする夫に素直に甘えることができなかった。だから、ますます拒否してた」

「あなたとしたくないって思えば、自分が勝ちのポジションにいられるような気がしてた」

…というように、閉じた心の中にあるやわらかい気持ちを、旦那さんにさしだすことです。

夫婦喧嘩をするたびにGさんも傷ついていたので、**「そのとき夫からほしかった言葉」**を**ちゃんともらってね**、ともお伝えしました。「ひどいこと言ってごめん、って言ってほしかった」って、素直に具体的に言うんだよ、と。

後日、Gさん夫婦は時間をかけて話し合いをなさり、仲直りのきっかけを掴んだようです。

「そっちがそうなら、こっちもこうしてやるー！って、お互い負けられなくなってたね。気づけてよかったね」と、言い合えたようです。

そして「あんなにかたくなに、できないと思い込んでいたのが本当にウソのように、レス解消できました」と教えてくれました。

産後の危機の乗り越え方

妻が夫に大きな恨みを抱き、心を閉じてしまう。その危険性が高いのは、妊娠・出産・育児期であることが非常に多いのです。

妊娠中、夫にこんなことをされた。産後の大変な時に、夫は何もしてくれなかった。家事や育児を手伝わず、ただセックスだけ求めてきた。——そんなお話を伺うたびに、それはさぞおつらかったでしょう、本当に大変でしたね、と言いたくなります。

妊娠・出産・育児の時期は、夫婦の関係を壊しかねないほどの嵐が襲いかかる危険要素に満ち満ちています。しかし、ほとんどの方は、そのことに気づいていません。

Hさんは、こんなことを話してくれました。

「産後、主人とセックスができなくなってしまったんです。拒否感と嫌悪感がすごくて。前はできてたのに、なんかダメなんです。性欲もないし…」

Hさんのお子さんは2歳でした。あぁ、そりゃそうです。女性だけでなく、産後の妻をもつ夫たちにも、知識として知っておいてほしいのはこれです。

子供が3歳になるくらいまでは、性欲が消え失せちゃうのも当たり前。
セックスをしたくならなくて、当たり前。
拒否感が出ちゃうのも、当たり前。
この時期に、
そんな自分を責めないで。
この時期に、夫は妻を責めないで。

特に、初めての出産・育児に奮闘して心身ともに疲れきっている妻に向かって、「なんでできないんだよ、おかしいんじゃない？」とか、「じゃあ俺はどうしたらいいの？　外でしてもいいの？　浮気するよ？」とか、「いつになったらできるようになるの？」とか、心ない言葉をかけないでもらいたいのです。妻だけのせいにしないでもらいたい。妻だけに責任を押し付けないでもらいたいのです。

とても大事な時期なんです。**この時期に、夫がどういう言動をしたかは、妻の心に一生残ります。**子供がある程度大きくなってからの、妻の浮気・不倫、あるいはセックス拒否、果ては熟年離婚まで、原因をたどると「初めての子供が3歳になるまで（大部分は1歳になるまで）の期間の夫の言動」にあることが多いのです。

じゃあ、この時期にどうしたらいいのか。男性も女性も、ぜひ次のことを知ってください。

女性はこの時期に、母であり妻であるというふたつの役割を課せられます。**その「母」と「妻」の顔を一時的に、同時に解除する時間を作ってください。**わかりやすく、母＝育児、妻＝家事と思ってください。どちらか一方だけじゃなく、母と妻を同時に解除です。

つまりこう。子供の世話を夫に任せる、もしくは自分の親など、とにかく信頼できる人に一時的に預けて（夫が一番いいですが）、自分は、ひらひらと遊びに行き、カフェでゆったりと過ごしたり、ショッピングや映画を楽しんだり、美容院へも行って…。2時間とかじゃなく、半日以上そうしてみてほしいのです。その間に、家事もみんなやっておいてもらうとよいですね。

それで初めて、「母」でもなく「妻」でもない、ただひとりの自分に戻ることができます。その状態でいるときに、感覚が変わっていきます。性的なことも受け入れやすくなる可能性が高まります。そういうチャンスを自ら作り出してください。性的なことを受け入れやすくなるだけでも、夫婦間に流れる空気は変わります。

夫が妻の負担が軽くしようとして、いくら育児を手伝っても、その間に妻が洗濯物をたたんで、夕ご飯を作っていたら、「解除」にはなりません。

Hさんは、この話をふむふむと聞いてくれた後、機会をみて、母と妻の解除を実行してくれました。そして、「美世さん！　（セックスが）で、できました！」と報告してくれました。

その後、さらに時を経て、Hさんは2人目を妊娠。赤ちゃんが生まれたあとも、「母と妻の解除」心がけてくれているみたいです。

「あの頃と同じ」に戻らなくていい

多くの女性のお話を聞くにつれ、セックスしたくない妻が、したい夫との関係を何とかしなければと思うときにはまりやすい罠がわかってきました。それは**「あの頃と同じように戻らなければ」**と思い込んでいることです。産後の状態であれば、「あの頃」というのは妊娠前、または結婚当初や恋愛時代のことですね。

あの頃のように普通にセックスできていた状態じゃないとダメなんだろうな。

「あれ」じゃないと相手は機嫌悪くなるんだろうな。

「あれ」じゃないと相手は納得しないんだろうな。

「あれ」かぁ…無理だなぁ…イヤだなぁ…。

そう思ってまた、行為から遠のく。

はっきり言います。そんなプレッシャーを自分にかけないでください。「あれ」じゃなくていいんです。そんなの無理です。

「これしかできないけどいい？」

「これだけならできる。それ以上はイヤ」と言ってもいいのです。

妻がそう言っても、夫はそれ以上を求めてしまおうとするというケースもあり、そこでまた拒絶されれば落胆するでしょうが、セックスレスを拒否されている側にとっては、この行為が少しでも「ある」と「ない」とでは全然違います。どんな内容であれ、「ある」だけで歓迎なのです。


特に妊娠・出産・育児の期間に、しばらくなかったセックスを再開しようとするとき、**「(性のことで) リハビリをする」という視点**を持ってほしいと思います。女性側は、気持ちも身体もかなり変化しています。

足を骨折してリハビリ中の人に、「さぁ、走って！」とは言いませんよね？　まずは手をとってサポートしながら、ごく短い距離をゆっくりと歩いてもらう。相手のペースに合わせる。無理はさせない。焦らせない。そうして、安心してリハビリを続けられるようにすることが何よりも大切。

産後のセックス、しばらくしていない夫婦のセックスでも、同じことなのです。いきなりセックスを再開して、「簡単にあの頃に戻るはずなのに、どうして？」と焦ったり焦らせたりする、そのおかしさに気づいていない人が多いのです。

自分の性意識や価値観を分析してみる

「セックスがイヤ」と思うのには、やはり何か理由があります。どうして苦手意識を持ったのか。過去にどんな経験があってそうなったのか。男性を怖いと思ったり、自分を責めたりするような出来事がなかったか。など、その人の性に対するイメージや価値観を形成するもととなったものを探っていく必要があります。

カウンセリングでは、こんな質問をします。

「セックスのこと、どうやって知りましたか？」

人生で初めて性の情報に触れたときのことを思い出してもらうと、**その人自身の性意識に家族が大きな影響を及ぼしている**ことがわかるのです。

例えば、セクシーな格好をしている女性を見て母親が、「あんな恰好して、はしたない」と言ったとします。この言葉が心に強く刻まれ、**「性的な女になると、お母さんに嫌われてしまう」**と思い込んで、自分の行動を無意識に制限してしまうことがあります。大人になってからもお母さんの目が怖くて、セクシーなランジェリーを買えない人もいます。自分の下着なのに。気に入って買おうとすると、お母さんの顔が浮かぶのです。

また、小さい頃にお風呂場で、「そこは触わっちゃダメ」「汚いからしっかり洗って」と母親に言われたときの雰囲気から、**「私、汚いんだ」**と思ってしまう人もいます。

初めて生理が訪れたときに、親が何もしてくれなかった。または過剰にお祝いされた。そのことにイヤな感じが残ったまま、と言う人もいます。親がセックスしている場面を目撃してしまい、そのときの記憶をどう消化していいのかわからなかった、と打ち明けてくれる人もいます。

こういったことの一つひとつが「性意識」を形成していきます。それは時として、「歪んだ性意識」となってしまうこともあります。

自分は、おかしいんだ。自分の身体は変なんだ。男の人は女の人を性欲のはけ口にするんだ。――そんな、事実と異なる思い込みを持ったまま恋愛し、セックスをして、結婚・妊娠・出産…。どこかでほころびが出てくるはずです。

性への思い込みがあるせいで、男性とうまくコミュニケーションをとれない。性的にオープンになれない。性的に関わろうとすると不安や恐怖、嫌悪感が先立ってしまう、ということがよくあるのです。

男性から受けたトラウマは、男性でしか癒せない

20代の独身女性Ｉさんは、「彼とのセックスに嫌悪感があって、でも自分でもどうしてなのかわからなくて」と悩んでいました。ご相談を受けた私は、その原因の一端でも探ることができればと、お手伝いをすることにしました。

どんな嫌悪感を感じる？
どんなときに感じる？
これまでお付き合いのあった男性との間で、何か特別な出来事はなかった？

いろいろと聞いていくうちに、Ｉさんにとってショッキングな記憶が浮かび上がりまし

た。「以前付き合っていた人に〇〇〇という行為をされたことがあって、それ以降、私は自分がトイレになったようなイヤな感じが拭えないという気がする」と言うのです。

身体から出た排泄物を処理する場所、性欲のはけ口。Iさんが自分のことをそんなふうに思ったまま男性と関わってきたと思うと、とても心が痛みます。

幸い、Iさんの今の彼はそんなひどいことはしないそうですが、彼が近づいて来ると反射的に、「またあんな扱いされるのかな」と身構えてしまうようです。

悲しいことですね。何か解決法はないのでしょうか。

実は、こういう場合も「負けるが花」の出番なのです。

「あなたは私をトイレだと思っている？　って今の彼に聞いてみて」

と私は提案しました。Iさんは一瞬、何のことかわからなかったようです。

「????」

「彼は、Iさん何言ってるの？　トイレがどうしたの、ってびっくりするよね、きっと（笑）。でも、Iさんの心には未だに、セックス＝自分がトイレ扱いされることっていうイメージが残っていて、かなりの重傷を負っているのよ。包帯でぐるぐる巻きだよ。**それを相手に隠して、関係を進めようとしたら、その傷がもっとひどくなると思う」**

「たしかに…」

「トイレ扱いされるっていうのは、Iさんがそう思い込んでしまったというだけのこと。事実とは違う。だから、彼に心の痛みを打ち明けて、こう言ってみてほしいの。『私、過去にこういうことがあって、今はこういうふうになってるから、だから大事にしてね。**私の怖い思いが発動しないように、優しく接してくれると嬉しいな**』って」

「なるほど…！」

「彼は最初びっくりすると思うよ。Iさんのことを思ってくれてる人なら、それはひどいやつと会っちゃったね、僕はそいつとは違うよ、そんなふうには扱わないよって言ってくれるんじゃないかなぁ」

打ち明けるにはとっても勇気がいりますが、行動を起こさなければ、変化も起こりません。

自分の症状を相手にさらすことをお勧めします。長年患ってきた考え方の癖や思い込みも、症状に含まれているので、私は「自分のカルテを相手にさらしてね」なんて言っています。

男性から受けたトラウマは、男性にしか癒せません。**過去に男性によって傷つけられたことがあっても、そこから救ってくれるのもまた、男性なのです。**そして、性のことで受けた傷は、最終的に、性のことで癒していくチャンスが来るようになっています。

セックスへの嫌悪感や怖さがどうしても消えない場合は、「一生それを避けて生きていく」こともできます。その選択をする方には、私もその意思を尊重して応援します。

Iさんは、その後いろんなプロセスを経験されましたが、最終的に、「美世さん、私、普通にセックスできるようになりました！」と教えてくれました。

「この先を想像させない」配慮が必要

妻はセックスしたくない、夫はしたい…。このままだと平行線です。だから少しずつ歩み寄っていってほしいのですが、「拒否しないで、黙ってやられろってことですか?」というような単純なことではないのです。

先に書いたように、「0か100か」「拒否か我慢か」の発想では、とっても苦しい。そこを少し緩める方法があります。

お互いに性質の違いはもうよくわかっていて、夫婦でなんとかしようという意識を共有している。そして、スキンシップくらいならできるんだけど…というときに、私がよく提案するやり方です。

したくない側が苦しくなるのは、**「ここから先の展開を想像させられるとき」**です。「ここでキスしたら、セックスまでしなきゃいけないんじゃないか」と思うので、気持ち悪くなってしまうのです。「このハグしたら、私がしたくないことまでしなきゃいけないんじゃないか」と思うので、気分が落ちるのです。

事実、ハグができると、夫は「お、チャンスかも！」「この機会を逃したくない」と思って、強引に先に進めようとするという話をよく聞きます。これまで拒否され続けてつらい思いをしているのでしょうから、その気持ちはわかるのですが、「お願い、もう少し待ってあげて」と思います。

「ハグだけならいいよ」と相手に言って、本当にハグだけで終わりにできるなら、ハグすることができるでしょう。でも、「ハグだけでは済まない」と思っていると、ハグすらもできなくなります。

さらには、夫に近づかれるだけでも怖くなってしまい、家の中でも距離をとるようになってしまう。そして、夫は妻をさらに責めだす…という悪循環になることもあります。

「今日はハグだけね。10分過ぎたら離れるね」と言って、その通りにする。それを積み重ねることで、**安心感**を育てることがまずは大事だということを、妻たちにも、夫たちにも、知ってほしいと思います。

女性の身体は、男性を深く癒せる女神の身体

「やわらかくて、ふわふわしていて、その存在の美しさに周りが影響されるもの。それが男性にとっての女性」と第1章で書きました。このことは、セックスと向き合うときにも、同じように大切です。女性が自分の美しさを認め、「私は男性にとって女神なのだ」という意識を持てば、セックスはとても豊かなものになっていきます。

しかし、自分の身体を、汚いもの、醜いものだと思っている女性は多いのです。

「だって私、スタイルよくないし。だって私、胸がないし。だって私、太っているし。だっ

て私、もう若くないし。あなたはどうせ、自分の欲のために、私を利用してるんでしょ。私のことは、道具だと思ってるんでしょ。そこに愛なんて、ない気がする」

こういう言葉を聞くと、私まで悲しくなります。

でも違うんです。男性から見たら、そのままのあなたが美しいんです。あなたの身体は、相手に与えられるものをたくさん持っている、女神の身体なんです。だから男性は、あなたに触れたいんです。触れさせてあげるだけで、あなたのエネルギーが男性に流れていって、それで相手は「癒された」って感じる。あなたの旦那さんも、その感覚がほしいから、あなたを求めるんじゃないかな？　「癒し」を感じられる、素晴らしい感受性を持っているんです。あなたの身体を道具だなんて思っていないし、利用しているわけでもない。すごくすごく、愛されているんだよ。——そんなことをカウンセリングでお伝えしています。

「セックスなんて、所詮こんなもの」という古い価値観に、新しい視点を加えてもらうことを願って。

「エネルギーが相手に流れていくって、そんなこと、これまで考えたこともなかった」「女性は美しい女神。セックスを通じて男性にエネルギーを与えることができる。これからはそう思ってみようかな」「なんか楽しそうですね。自由で素敵な感じですね」と言ってくださる方は多いのです。そう、セックスに対する視点を変えると、自分が自由になれるのです。

演技はやめてね、心が死ぬから

セックスをして感じているふり、イッたふりをする。声を出す。そんな「演技」をしている女性は少なくありません。もちろん、それも時には悪くありません。気持ちを盛り上げるための演技、セックスをより楽しむスパイスとして演技をするならいいんです。

でも、それが当たり前のことになってしまうと危険です。自分が本当はどう感じているかがわからなくなってしまうからです。

自分を殺してまで演技を続けても、苦しいだけです。しかし、**いつもの演技をやめるには、言いにくいことを相手に伝えなくてはなりません。**

「なんか違う。そうじゃない。気持ちよくない。別に何も感じない。痛い。それしないで」

セックスの最中にそんなことを言ったら、夫が、彼が、パートナーが傷つく。そう思うと、何も言えなくなり、演技をなかなかやめられません。

「相手を傷つけずに本当のことを伝えるには、どうしたらいいんでしょう?」という質問をよくいただきます。私の答えは、**「傷つけてもいいよ。これを言ったら相手が傷つく、と思うことを言っていいよ」**です。

性についてデリケートな男性もいます。女性が発した一言で男性機能にダメージを受ける人もいます。だけど、**「これを言ったら彼は傷つくだろうな」と思うときって、すでにあなたは、その相手とのセックスで傷ついているのです。**自分勝手で、幼稚で、心の通わない行為に違和感を感じながらセックスし、相手のために我慢を重ねているのですから、相当なダメージです。全身打撲とか全治半年くらいの傷を負っているのに、「これを言ったら彼のおでこに擦り傷がついちゃうんじゃないかと心配で、とても言えないわ」と心配する必要がありますか？

女性が思いきって本当のことを伝えても、きちんと理解しようとしない男性もいます。「この旦那さんは、奥さんに言われたことが全然わかってないんだろうなぁ」と思うこと、よくあるんです。

ですから、傷つけるくらいの覚悟で伝えてちょうどいいのかもしれません。女性は男性に対し、「私のために傷つくのなら、あなたも本望でしょう」と思っていいのです。

セックスレスの状態から抜け出し、少しずつ性的な触れあいを持とうとしているときは、本当のことを伝えるチャンスです。

このとき、伝え方の工夫をしてみましょう。**「今すぐ実行できる簡単なことを、具体的にリクエスト」**してみてください。

「ちゃんと目を見てて。終わってもすぐどっか行かないで。勝手に身体の向き変えないで。私がこうしたら痛いというサインだから、止まってね」というように。

自分でもどうしたいのかわからないなら、**「わからなくて困っているから一緒に考えてほしい」**と伝えてください。

お互いに性的欲求を擦り合わせし、歩み寄っていくのは、とても気を使うことなので、無理はしないでください。日々自分のご機嫌をケアしながら、「今日はしてもいいかな」と感じるときにやるくらいでいいと思います。

それよりも、傷ついた自分を放置している状態を終わりにすると決められたこと。それにまず「おめでとう」なのです。

第3章

浮気・不倫・人に言えない恋愛

セックスレスのあるところには必ず、人に言えない恋愛が生まれる

カップル間のセックスレスについてご相談をお受けするようになって、もう10年近くになります。そのやりとりの中では必ずと言っていいほど、「浮気、不倫、人に言えない恋愛」といった言葉が、キーワードのように頻出します。

ドラマやメディアの影響もあり、数年前から、不倫をする既婚女性がとても増えたのでしょうか。いいえ、不倫をしている女性たちが、そのことを隠さなくなったのかもしれません。

私はカウンセラーとして、不倫をしている既婚女性からのご相談も、なんら否定することなくお聞きしています。なぜ否定をしないのかというと、第2章で書いたように、**「女性が、性のことで一方的に自分を犠牲にしてほしくない」**というスタンスがあるからです。

夫婦が長年セックスレスの状態にあり、話し合いもしたけどうまくいかない。お互いに性の性質が違うので、相手に合わせようとすること自体が苦しみになってしまう。そんな状態にあっても、ご相談にいらした女性の側に「スキンシップやセックスを大事に思う自分を尊重したい」という気持ちがあるなら、その気持ちに正直に生きていいんじゃないでしょうか？　と提案をすることもよくあります。

ご相談者以外の方から、「へー、美世さんは婚外恋愛推奨なんだ～、不倫を勧めてるんだ～」ととられるのは、非常に違和感があります。私は、不倫を「いいもの」とも「悪いもの」とも言っていません。そのご夫婦には明らかに、そうせざるを得ない事情があるからこそ、婚外恋愛や身体のパートナーにも目を向けてみてはというご提案になるのです。夫婦がお互いの性質を知って、やりとりを重ねたうえで、自己責任において、今後の行動を決めていただくようにしています。

また、私からのそうしたアドバイスは基本的に、**女性たちに向けて発信しているもので**

す。これを読んだ男性が拡大解釈し、「そうか、外に恋人を作っていいんだ！」と思われるなら、ちょっと待ってくださいと言いたいのです。男性の浮気と、女性の浮気とでは、社会的に容認される度合いが異なります。言うまでもなく、男性の浮気のほうが容認されやすいのです。

そのため、男性は「妻と向き合うことなく、自分の感情と向き合うことなく」不倫に走る傾向があると私は思っています。夫婦間の性のやりとりにおいても、自分の気持ちをさしだしたり、恥ずかしいことを妻に話したり、妻の話をじっくり聞いてみようとする意欲が、女性からのご相談を聞く限り、残念ながら少ないと言わざるを得ません。（もちろん、そういったことの大切さを認識して行動している男性もいらっしゃることは知っています）

男女は根本的に性質が違うということもあり、仕方のないことかもしれません。このあたりの問題については、「下ネタとしてではなく、まじめに真摯に性のことを話す」という啓蒙が必要ですね。そうした啓蒙活動が、男性たち自身から立ち起こることを、私はひそかに期待しています。

気づくべきことがあるから、その状況になった

浮気をする側にも、される側にも当てはまる、不思議な法則があることをご存じですか。その法則とは、「気づくべきことがあるから、その状況になった」ということです。

夫に浮気をされた妻は、「許せない」と怒り苦しみ、悲しみに暮れることもあるでしょう。「私に女の魅力がなかったせいだ」と考えたり、自信喪失してしまう場合もあります。

「夫が浮気をするのは、私に女の魅力がないからだ。ああ、もう自信が持てない」となるのは、考え方の順序として普通だと思います。Ａ（浮気された）↓Ｂ（私には魅力がない）↓Ｃ（自信がもてない）という順序ですね。

しかしこれが、実は逆なのです。B（私には魅力がない）・C（自信がもてない）→A（浮気された）だったりするのです。

ある女性が、「私には女の魅力がない」「自分に自信が持てない」と思い込んでいる場合、その思い込みが正しいと証明するために、「夫に浮気される」という恰好の証拠が必要だった、だからそういう状況を作り出した、ということもあり得ます。いえ実際に、そういう例は多いのです。

「気づくべきことがあるから、その状況になった」という法則が働いているのですね。

「私の場合も、そうかもしれない」と、ドキッとした方はいらっしゃいませんか。

もしそう思われるなら、あなたが向き合うべき課題は「夫の浮気をやめさせること」ではありません。あなたが「自分には女の魅力がない」「自信がない」と思い続けているかぎり、また別の形で、同じような問題が出てきます。

「理性 vs.本能的欲求」の戦い

例えば、既婚女性が既婚男性から大胆なアプローチをされて、次第に惹かれていく。その女性の中で欲望がふくらみ、「理性 vs.本能的欲求」の葛藤にさいなまれることがよくあります。

「既婚男性があれこれしてくる」。→だから女性の中で理性と本能の戦いが起きる。と思われるでしょうが、実はここでも、その順序が逆だったりすることが、とても多いのです。

順序を逆にして考えてみると、今目の前で起こっていることの本質がわかることがあります。**浮気でも、セックスレスでも、「この状況を使ってまで、何か気づいたほうがいいことがある」ということなのです。**

前述の女性の場合は、もういいかげんに自分の本能や欲望を開放したいと思っていたのでしょう。だから、そこに既婚男性が現れて、あれこれアプローチしてくるという状況が必要だった。そして、まさに適任と思われる相手が用意された。

実際に、そういう展開になってご相談にいらした女性は数々いらっしゃいます。

あなたが、もしかすると自分の場合もそれかもしれないと思われるなら、あなたが向き合うべき問題は、「これまでずっと理性の力で本能や欲望を抑え込んできたという事実」です。あなたに積極的にアプローチしてくる既婚男性の存在が問題なのではありません。

カウンセリングでも、こうした逆の視点からお話を聞いていきます。それで問題がするっと解けることもあれば、すべてこれで解決！　といかないこともあるので、「じゃあ今後は実際どうすれば、より幸せになれるだろう？」と、一歩踏み込んだやりとりをしていきます。浮気する側、される側、それぞれの立場で考えて、具体的な解決策を探っていくわけです。

浮気をしたくなる本当の理由は？

浮気はなぜ起こるか？　そこには、どんな場合にも共通する基本原則があります。

「自分はこういうものを欲しているのに、パートナーとの間にはそれがないと思った」

「パートナーに求めても得られないと思った」

「この先もパートナーからもらえないと判断した」

――その求めても得られない「何か」を、パートナー以外の誰かに求める、というのが浮気の基本原則なのです。


優しい言葉はもうもらえなくなった（と勝手に判断した）から、他の人に求める。もう刺激がない（と自分は思った）から、他の人に求める。女として見てもらえなくなったから、そう見てくれる誰かを求める。セックスしてくれなくなったから、その相手を他に求める。――というように、「不足している」とその人が（勝手に）感じたものを、他で補おうとする。それが「浮気」です。

浮気をする夫が妻以外の女性で補っている「何か」とは、本当は妻からほしかったものです。ところが、驚くべきことに、夫本人は、このことを妻にしっかりと伝えません。「本当は君からこれがほしかった！」と妻に言ったりもしません。仮に言ったとしても、妻は「浮気された！」と怒り狂っている真っ最中だったりするので、夫の言い訳にしか聞こえません。

しかし夫婦のすれ違いは、夫が浮気を始めるずっと前から、すでにあったのです。

Jさんという女性の場合もそうでした。Jさんは、まだ幼いお子さんたちの育児をがんばっているさなかに旦那さんの浮気が発覚し、とてもつらい日々を過ごしていました。旦那さんが嘘をついていたということにも大変なショックを受け、土下座をして謝られても、許す気になれなかったそうです。

私はＪさんのお話を聞きながら、このご夫婦間に起きた浮気の直接の原因はセックスレス、でもその奥にもっと複雑な、夫婦それぞれの思いが隠れていると感じました。旦那さんはＪさんに、「セックスを何度も拒否されて傷ついた」と率直にお話しなさったことがあるようですが、Ｊさんの心には何も届いていませんでした。ですからＪさん自身は気づかなかったとはいえ、旦那さんの心を傷つけてきたのです。そして、浮気が生じる土台を、ふたりの間に作ってしまっていたのです。

本当の原因を未解決のまま放置していると、同じ問題が何度も繰り返されます。

「あなたが悪かったのよ。もう二度としないで」と蓋をしても意味がないのです。

知らぬ間に、浮気が生じる土台を作ってしまう危険

浮気が生じる土台を、ふたりの間に作ってしまったという点を考えると、妻の側にもいろいろと思い当たることがあるはずです。

夫を見下していたかもしれない。

夫をＡＴＭのように扱っていたかもしれない。

「男として見てほしい」という夫の気持ちに気づいてさえいなかった。

ただ、そのように接してしまったことにも理由があるはずです。「子育てを手伝ってくれなかったから。私の気持ちをわかってくれなかったから。イヤなことを言われたから」など。そういう場合にどうしたらいいかは、第1章でたくさんお伝えしましたね。

「自分は被害者、夫が加害者」というように、どちらが正しくてどちらが間違っているかという視点で裁いても、何も解決しません。必要なのは、浮気をした本当の原因を知ることです。

夫が浮気をする3大原因

カウンセラーとして私が考える「男性の浮気の原因」は、大きく分けて3つあります。

家庭に居場所がないから浮気する

意見を言っても妻や子供に否定される。ダメ出しをされる。自分の選んだものが受け入れられない…に始まり、子供が生まれてからは、家族のバランスが変わってしまった、それまであった自分の居場所がなくなった、と感じている男性は多いのです。

妻は家事・育児・仕事にフル回転しているため、夫がこう感じていることにまったく気づいていない場合もあり、下手をすると夫自身も、「居場所がなくなって悲しい」と自分が感じていることに気づいていません。（男性は、自らすすんで感情を感じることが苦手なのです）

妻が夫に負けられないことが原因で、家の中に戦いの空気が濃厚になっている場合もあります。↓第1章に戻って、「負けるが花」を実践してみてください。

妻とセックスレスだから浮気する

夫はセックスをしたがるけれど、妻はしたくない（育児でそれどころじゃない。セックスなんか、もうどうでもいい）。こうした食い違いから、男女ともに浮気・不倫をすることが、とても多いようです。

しかし夫の側も、ただ性欲の解消をしたいだけではありません。セックスに付随する心の交流、あるがままの自分を受け入れてもらう安心感、そして自分の希望を尊重してもらう満足感などを妻は与えてくれないとわかると、「妻をもう女として見ない」という選択をして、外に求めることも多いのです。

そして浮気が発覚すると、夫は、目の前で怒り狂っている妻をなだめたい一心から、「もう絶対に浮気はしない」と誓いますが、彼の中にある本当の原因は何も変わっていないので、浮気はまた繰り返されます。

そんなふうにして、夫に浮気されるたびに夫婦仲を修復するのは大変なことです。そのプロセスで、「こんな夫となんかセックスしたくない」と妻が嫌悪感を抱くのはもっともなことです。↓第2章に戻って、まずはセックスレスの問題、つまり「夫婦のコミュニケーションの問題」に向き合ってください。妻の側が一方的に我慢するのではありません。負けるが花も使って、自分の本当の気持ちを知り、夫と性についてのやりとりをしてみませんか？

夫が妻以外に恋人を求めるタイプだから浮気する

「男はそういう生き物だから」「浮気は男の甲斐性だから」と考えている方もいます。家庭がどんなにうまくいっていても、結婚と恋愛は別。浮気はまた別次元のことで、妻に縛られずに自由でいたい、自分の思い通りにしたいと行動していく夫たちもいます。

しかし、浮気を繰り返す夫が、「結婚の枠の中におさまりたくない」と開き直ってしまうと、とてもやっかいです。こういう場合、妻は自分のせいにする必要はありません。自分がどれほど夫を受け入れていても、望む通りにしていても、彼は変わらないと思ったほうがよいでしょう。

静かに開き直る夫たち

最近ちょくちょく、こんなご相談を受けるようになりました。

「結婚してだいぶ長く経ちました。夫が『これからは他の女性とご飯に行ったり出かけたりすることにした。あまり縛られたくない』と言い出したんです。夫には以前も浮気の疑いがありました。私はどんなふうに考えたら、気持ちが楽になるのでしょうか…」

「夫に彼女がいるとわかり、つらい話し合いを重ねてきました。私がその人と別れてほしいと頼んでも、夫は『君と離婚はしないし、彼女とも別れるつもりはない』と意見をまげません…。もうやっていけない、我慢できないと思うものの、離婚に踏み出せません」

この2例の旦那さんたちは、「結婚制度の枠におさまりたくない。これまで我慢してきたが、もう自由にしたい」と言っているのです。浮気はもうやめるよ、夫婦で仲良くするよ、という方向ではなく、「これが俺なんだ。家庭も大事だけど、他の関係も持ちたい。自分を無理やり変えるつもりはない」と、静かに開き直っている雰囲気が感じられます。

こういう夫たちは、「夫婦も大事、家庭も大事。子供のこともあるので、離婚は考えていない」と言います。その言葉に嘘はないのかもしれません。

しかし、妻としては心穏やかでいられません。結婚制度のルールに従って、このまま穏やかに生きていきたいのに、夫が勝手に制度の外に出ようとしている…という動揺を、妻たちから感じます。

さて、こんなときはどうしたらいいのでしょう。

「これまでの生活に戻って、私だけを見て暮らしてほしい」と妻が詰め寄っても、努力をしても、夫はその通りにならない可能性のほうが高いのです。

「夫に元通りになってもらうために、どんな負け方をするといいんですか?」と聞かれることもありますが、残念ながら、「あぁそれはもうコントロールにしかならないな」と思います。

あなたが何をしても、彼が変わらなかったらどうする?

夫を改心させようとして、あれこれ働きかけるよりも、あなた自身はどうしたいのかを考えることのほうが大事だという場合もあります。

自分にこう聞いてみてください。「この先どんなにがんばっても、何をしても、夫は変わらないとしたら、どうする？」と。

この答えを探っていくのは、苦しい作業です。しかし、自分の気持ちをいろいろな角度から探って、言語化してみてほしいと思います。

「もうそんな人とは暮らせない。我慢し続けるのはイヤ」となるのか。あるいは、「夫が誰と付き合おうが、もうそんなことは知りたくもないけど、浮気をするなら、私にわからないようにしてほしい」という気持ちが出てくるのか。または、「外に彼女がいても、私と子供たちとは変わらず仲良くしてほしい」という気持ちなのか。じゃなかったら、「あなただけ自由にするなんてずるい。私だって誰かとお付き合いするわ」と真剣に考えるようになるのか。

周囲の人々は、「そんな夫ならば別れて当然。離婚に踏み切らないあなたがおかしい」と言うかもしれません。自分も心からそう思えるならそれでいいのですが、何かモヤモヤしたものがまだあるなら、周りからのプレッシャーはいったん脇に置いて、自分の本当の気持ちを見つめてください。

「世間の常識とは違うけど、私にとってはこうするのが一番いい」「ここまで自分の気持ちを見せて夫とやりとりしたから、もう十分」という着地点を見つけることが大事です。

妻がどんな努力をしても夫は変わらないという場合もあるのです。その事実を冷静に受け止めて、今後のことを考えてほしいのです。**「私はどうしたいのか」と、自分を主語にして考えていきましょう。**「どうすれば夫の気持ちを変えられるだろう?」という悩みから解放されます。

Kさんの場合は、その見極めをするのにとても時間がかかってしまいました。Kさんは長い間、夫の浮気とセックスレスに悩まされ、それでもどうにかして夫婦関係を修復しようと努力してきたのです。私から見て、Kさんはやるべきことをすべてやりきっていました。

「もう十分がんばられたんじゃないかな…　Ｋさんにできることはすべてやりきっていると私は思います」と私が言うと、「あぁ、もうやりきったと思っていいんだ…」と泣いていました。

Ｋさんは、夫とのセックスはないけれど、妻である自分が大事に思われていることがわかったので、これからも家族として一緒にいることを決めたそうです。

そう決めたからには、「レスの夫婦は幸せじゃない」「愛されているならセックスがあるはず」というような周りの声は、もうＫさんには不要です。セックスレスを解消した夫婦の話を見聞きし、自分と比較して落ち込むなんてこともしなくていいのです。大切にしてほしいのは、ご自分のたどりついた結論です。

女性が浮気をするのは、「それが必要だから」

私は2017年末から、LINE公式アカウント（旧LINE@）を始めましたが、そこでわかったことのひとつは、夫婦間のセックスレスが原因で婚外に恋人を作ったり、身体のパートナーを持つ女性が増えているということです。これは紛れもない事実です。私が浮気・不倫をしている方向けのブログ記事を書くと、驚くほど多くの女性たちからメッセージが寄せられることからも、現実の一端が窺えます。

しかし、セックスレスが原因で始まる浮気であったとしても、女性がそこに求めているのは、セックスや性的満足だけではないことがほとんどです。

「浮気はなぜ起こるか？」の基本原則についてお話ししたことは、男性にも女性にも当てはまるのです。女性たちは、夫に求めても得られない「何か」を、夫以外の誰かに求めているのです。

「夫が優しい言葉をかけてくれなくなった。私のことを大切にしてくれなくなった。だから私も夫を男として見られなくなった。心を開くことができなくなった」など…。

夫に求める代わりに外に求めるくらいですから、それはその女性にとって、とても大事なものであるはずです。まずはそのことを知りましょう。**女性が浮気をするときは、「必要だから」していることが多いのです。**

既婚女性の浮気について、私は「よくないことですよ」とは言いません。「子供の気持ちを考えなさい」「旦那さんのもとに戻りましょう」と強く言ったりもしません。

夫婦関係を扱うカウンセラーにもいろいろなタイプがあり、「こんな私の浮気を止めてほしい」と無意識に願っているクライアントさんは、なぜか不思議と、「浮気はやめなさい」と厳しく言って止めてくれるカウンセラーのところへ行くようになっています。

私が女性の浮気を否定も肯定もしないのは、基本的にこう考えているからです。**「その女性にとって必要がなくなれば、浮気や不倫は勝手に終わる」**と。

表面上の行動を抑えても、根本的な解決には至りません。なぜ婚外に恋人を作る必要があったのか？　という点を見ていかなければなりません。

浮気相手が必要なとき、必要でなくなるとき

外に相手を求めるのは、「夫に言いたいことを言えないから」「一番わかってほしいことを伝えられないから」、そして「わかってもらえなくても平気なふりをしているとき」「言ってもムダだとあきらめたとき」であることが多いのです。

セックスレスの件で夫婦がぶつかり合って、「そんなにしたいなんて、おかしいんじゃないの？」と妻が夫に言われたとしましょう。妻は「もうこの人からはセックスの喜びも自分を受け入れてもらう安心感も得られないんだ」と思ってしまい、外に恋人を探すようになる、というのはおおいにあり得ることです。

でも、このとき夫に言えなかったこと、伝えられなかったことは何か？　と考えると、「私はスキンシップやセックスが人生に必要なの！」「それは私にとっては大事なことなの！」だったりするのです。そして、**その大事なことを肯定してくれる人を探すようになる**のです。

が、ちょっと意外に思われるかもしれませんが、**妻が夫にその大事なことをはっきりと伝えてみたら、気持ちがすっきりして、外に彼氏を作りたいなんて思わなくなった**ということもあるのです。

それとは対照的に、「浮気をして、夫にバレる」ということを通してしか、自分の言いたいことを夫に伝えられない場合もあります。「自分がこんな状況になっているのを知ってほしい、助けてほしい」という気持ちがある場合は特にそうで、「わざわざバレるように、自分から仕向ける」方もいます。

そんなことをしなくても、「助けてほしい。わかってほしい。私はこんなにもさみしい」と直接夫に言えれば、浮気は必要なくなります。

そこで私は、浮気をしている既婚女性がご相談に見えるとまず、ご自分と旦那さんとの関係を見つめ直してもらうよう促します。

「自分は夫に何を望み、何をあきらめたのか」「何を言っても仕方ないとあきらめたのは、どうしてなのか」「自分は今、さみしいのか。それとも、ときめきがほしかったのか。あるいは、夫に褒めてほしかったのか」「この願いを、夫に伝える方法はないだろうか」ということを、もう一度考えてもらうのです。

婚外に彼ができると、「もう夫とは離婚して、新しい彼と生活したい！」と一直線になられることがありますが、それには「ちょっと待って‼」です。

「夫婦間で、まだできるけどやってないことがあるかもしれない。あなたがどんなことを大切にしていて、だけど夫からはそれが得られないので悲しいと思っていることを、旦那さんに伝えてみませんか。その結果、今している浮気が本当に必要かどうかがわかるかもしれないから」とお伝えすることもあります。

セックスで「何を」満たそうとしているのか

自分が夫との間に求めていたのはセックスそのものではなく、セックスに付随する別のものだった…と気づく方もいます。

夫からちゃんと愛されていたとわかって、セックスへのこだわりが薄れたという方もいます。

それでも、**ご相談いただく方の3割くらいは「やっぱり私、大切な人とのセックスをあきらめたくない」とおっしゃいます。**とても自然なことだと思います。そんな方に、私はいつもこうお伝えします。

「自分の思いを尊重して生きていいんじゃないかな?」

「自分の願いを押さえつけなくていいんじゃないかな?」

「性のことは性でしか解決できないんだよ」

「他の人はそうじゃないかもしれないけれど、あなたはそうだと思う」

これを聞いて涙される方が多いのです。**夫に否定され、周囲からも批判的な目で見られて、自分はおかしいんじゃないかと思っていたけれど、この言葉でようやく安心できた…**ということかもしれません。

それでも、すぐに離婚というわけにはいかないでしょう。家族としてはうまくいっている場合は特にそうです。

「だったら、生活と恋愛を分けたらいいんじゃないかな?」

「結婚という枠に、無理におさまろうとがんばらなくていいんじゃないかな？」

と、お伝えすることもあります。

「セックス？　いつまでその話を持ち出すの？　君が一生我慢すればいいだろ」という空気の中で、その方は生活をしていくことになるのです。セックスがなくても平気な夫にとっては、平和な環境。でも妻にとっては、生殺しのような環境です。

妻が自分を犠牲にせずに生きられる道を探っていくのは、本当に大変なことです。

自分の性質を大事にして生きようと心を決め、行動に移したあとも、悩みは尽きません。それは友達にも親にも言えないテーマです。私のセミナーに参加してくれたLさんは、こう語ってくれました。

「夫とはセックスレスで、外に恋人がいます。彼の存在を隠し続けるのもつらいので、夫に伝えたほうがいいのかと迷っています。でも、どう伝えれば、夫はわかってくれるのでしょう」

こういう場合は…どうしましょうね。

妻「ねぇねぇ、私、あなた以外の人と付き合ってるの」
夫「へー、そうなんだー。よかったね。おめでとう」

なんて会話が成り立つでしょうか？　さすがにそう答える夫はそんなにいないでしょう。例外がもしもあるならば、普段から妻が、セックスしてくれない夫のことを責めに責め、喧嘩をして険悪なムードになっている場合です。
喧嘩に疲れ果てた夫が「これを回避するためなら、妻が外に身体だけの相手を作るのもやむを得ない。男性だって風俗に行くわけだし、割り切ろう。もうこんなふうに責められるのは嫌だ」と日々思っているのだとすれば、あり得る話です。しかし、それは稀有な例です。

それで私はこう答えました。
「ご夫婦でセックスレスのことをどのように話されていますか？　『あなたはあなたの性

質を大事にしているみたいだから、私もこれからは自分の性質を大事にしていくね』というあたりまで話せているのなら、そこで留めておいていいんじゃないかな？　あなたのお話を伺うかぎり、彼がいるからといって、家庭を壊したいわけではないようです。旦那さんのことは、お子さんの父親として大切に思っておられるし、夫婦としても、セックスがうまくいかないだけで、他の面まで険悪だということはないようです。だったら、旦那さんが不愉快に思うことはあえて言わずにおくというのも、『家庭を大事にする』ことのひとつではないでしょうか」

この提案に、Ｌさんは納得したご様子でした。

夫婦の円滑剤となる、婚外の彼「ひらくん」

「大好きな彼に出会ったおかげで、以前よりも夫婦仲がよくなりました」
「夫のほかに好きな人ができて、彼に女として扱われているうちに、自信が戻ってきて、夫にもちゃんと向き合えるようになりました」

常識で考えれば、眉をひそめてしまう内容かもしれませんが、事実こういうメッセージをいただくことがよくあります。この女性たちが愛と情熱を捧げる対象となった「大好きな彼」は、ほんの短い期間だけ、女性と関わり、深く影響を与えて去っていきます。
去られたことで、女性が傷つくこともありますが、「自分に女の魅力があることを教えてくれた」「自信を取り戻せた」と、感謝していることも多いのです。過去に夫や他の男性たちから受けたトラウマを癒してくれる場合もあります。

関わる期間は短いけれど、悩める女性たちを癒やし、女として再び「ひらく」ために出現したかのような男性。こういう男性が少なからず存在していることを、セミナーやカウンセリングを通じて知り、私はそんな彼らを**「ひらくくん」**と呼ぶようになりました。

ひらくくんが現れたおかげで、夫とまた仲良くなれた。夫の子を妊娠した。女の自信を取り戻して日々の生活が楽しくなった。という方はたくさんいます。

そのひとり、Mさんは「彼には甘えてもいいんだっていうことを教えられました」と言うのです。

「それ、旦那さんにもしてみてね」と、私はお伝えしましたよ。Mさんは「えっ、夫に甘えるのですか？」と意外そうでしたが、そう、それをやってみてほしいのです。

ひらくくんに甘えたように、旦那さんにも甘えられるようになると、ひらくくんの存在はもう必要なくなります。

Nさんの場合は、ひらくくんが身も心も満足させてくれたおかげで、とても安定したと話してくれました。

「夫とは相変わらずセックスレスだけれど、優しくできるようになったし、以前は感じられなかった夫の愛情を感じられるようになりました」と。

Nさんとひらくくんの関係も短いものでしたが、女として自分は魅力がなくなったのではないかと焦る気持ちが消え、自信を取り戻せたことが何より嬉しかったようです。


「美世さんのブログを読んで、私も思い当たることがあります。過去のあの人は、私にとって、ひらくくんだったんだなぁとわかりました」と教えてくれる方もいます。

「正式な恋人ではないから、どう呼んでいいかわからない関係」とか、「いい影響も受けたけれど、名前をつけられない関係」を、男性と作ったことのある方は意外とおられます。あんなことをした自分はおかしいんじゃないか、私に魅力がないからちゃんと付き合ってもらえなかったんだと、人に言えずにご自身を責めることもあるようです。


私が「ひらくくん」という存在のお話をしたことで、その女性たちは過去の自分を責めるのをやめたのです。

「あの人は、私に○○をくれるために現れた人だったんだ」

「終わったけどそれでよかったんだ」

と、過去の記憶を昇華していいと思います。

タブーを許す

私のセミナーに参加してくれたＯさんは、休憩時間中に、「美世さん、私、既婚なんですけど、こういう状況で、定期的に会う人がいて…」と打ち明け話をしてくれました。

その「彼」とは、お仕事の関係で知り合ったようです。休憩時間は残りあとわずかだったため、私はごく手短に、「あ、それ、やめなくていいですから」と言いました。Ｏさんは、ハトが豆鉄砲をくらったような顔をなさっていました。「不倫はよくないこと、今すぐやめなさい」と言われると思っていたのでしょう。

たしかに、「それ、やめなくていいですよ」なんて、面食らう言葉ですね。でも、無理やりやめようとしても、あまり効果がないんです。**必要がなくなれば、自然に終わっていきます。**

その後Oさんがどうなったかといえば、不倫相手に連絡する頻度がどんどん減っていったそうです。不思議ですよね。**「やめなくていいよ」と人に言われて、結果的にやめる方向に向かったのです。**

多くの場合、浮気・不倫をしている女性が必要としているのは「許可」だと私は思います。不謹慎？　不倫状態を許したら、もっとひどいことになる？　しかし、そうとは言い切れないのです。

Pさんは、私が発信するブログを読み、「夫以外の人を好きになってもいいんだ」と思ったそうです。ブログに掲載した様々な事例からそう思われたのでしょう。

その結果、**安心して心が楽になり、婚外に彼を作らずに済んだ**そうです。

人を好きになるのと、それを得ようと行動に出ることとは、また別の話なのです。

こんな事例もあります。夫以外に好きな人ができると、無意識に「夫を嫌いになろうとする」ことがあるのです。嫌いにならなくてもいいのに、です。

夫か、不倫相手の彼か、どちらか選ばないといけないと思っているために、そうなってしまうのですね。こんなときに、私がかける許可の言葉はこれでした。

「旦那さんにも彼にも、愛されてください」

これほど非常識な言葉はないかもしれません。でも、この言葉で楽になった方は、私の想定する以上に多数いらっしゃるのです。

「ふたりの男性に愛されていいんだ」

「両方から受け取っていいんだ」

そう思えるようになることを必要としている女性がいるのです。そういう方たちはきっと、受け取り下手で、目の前の状況を通して「人の好意や愛情をもっと受け取っていいんだ」と学ぶレッスンのさなかにいるのです。

最低な自分を受け入れるレッスン

婚外恋愛の効用は、いろいろな方面に及びます。
「心が満たされた」「自信が回復した」「人を好きになる気持ちを取り戻せた」「夫との関係が穏やかになった」「夫の愛情や思いやりに気づくようになった」「離婚などせずに済みそう」など。

そんな嬉しい報告してくださる女性たちの中には、まだ小さいお子さんがいる方も多いのです。しなくてもいい離婚が回避できて、本当によかったと思います。

しかし、そこへ行き着く前に、不倫をしていることの罪悪感に押しつぶされそうになってしまう人もいます。
「夫や子供に申し訳ない」「不倫なんかやめたいと思うけど、やめられない」「そんな自分が許せない」「もう、どうしていいかわからない」というのが、**不倫中の女性が自分でも扱えなくなってしまう感情No.1**と言っていいでしょう。

そんな状態にある女性のひとり、Pさんと私とのやりとりを、一例としてご紹介します。

私「Pさんは、何に対して悪いと思っているの？」

P「結婚しているのに、子供もいるのに、好きな人がいるなんてダメだ…と思う。夫のことを裏切っているし…周りにも嘘ついて、親にも言えない。絶対に怒られる…とかですね」

私「なるほど。じゃあPさんは、ご自分のことを、社会的にいけないことととされている不倫なんか絶対にしない貞淑な妻で、子供のことを一番に考えるいい母親で、ご両親を怒らせたり悲しませたりすることはせず、いい娘なんだと思っていたということですよね？　**ところが今回の件でわかったのは、Pさんの中に、非常識で、ひどい女で、ダメな母親で、裏切り者でルールも守れない、親の顔に泥を塗るような自分がいるということ。その自分をどうしていいのかわからなくて困っている…**。ここまで、合ってますか？」

P「は、はい。合ってます。すごい、心にグサグサきます…」

私「はい。じゃあね、これは浮気・不倫の話っていうよりも、**Pさんが自分の中にいる非常識で最低な自分を受け入れて認めて許すかどうか**、っていう話なんです。今に限らず、ずっと前から、そんな最低な自分、いなかったですか？」

P「え、えー！　考えたこともなかったです…。あ、でもそういえば過去に…」

という展開になっていくわけですね。

罪悪感があるということは、自分はそんなに悪い人間ではないと思いたい、ということなのです。でも残念ながら、いい人間とは言えない…そんな部分も自分の中にあるものです。Pさんは、たまたま「浮気・不倫という異性問題」を通して、その最低な自分に気づかされたのです。その最低な自分から「これも私なんだよ。認めてほしい。否定しないでほしい」というメッセージを送られているのです。

結局Pさんは、自分の中に「悪い部分」があることを認め、そういう悪いものが表に出てこないようにするために、親や周りの目ばかり気にしていたのだと、ご自身で気づかれました。

「もう少し自分の心に素直になってみます」とＰさんは言っていましたが、そういうレッスンに前向きに取り組むことがとても大切だと思います。

最低な自分を受け入れるために、私たちは何度も試練にあいます。それはお金の問題の形をしてやってくることもあれば、病気としてやってきたり、仕事での失敗だったり、前述のＰさんのように、異性問題という形をとることもあります。

そういう試練を通して、**自分にはすごくいいところもあるが、最低なところもあるという点を認め、受け入れられるようになると、「最低な自分」を思い知らされる状況など必要なくなります。**その結果、親の目・人の目がさほど気にならなくなり、気持ちが安定します。

異性問題に関していえば、「この人がいてくれないと困る」と思っていた不倫相手のことも、それほど魅力的に見えなくなっていく。不思議なことですが、自然とそうなっていくことが、一定数起こっているのです。

浮気・不倫をすると、相手の生活もほしくなる

浮気・不倫をしている既婚女性に特有の傾向として、「身体の関係を持ち、定期的に会う間柄になると、相手の生活の部分もほしくなる」ということが挙げられます。

要するに、彼と一緒に暮らしたい、彼に、私と一緒に暮らしたがってほしい、という気持ちが出てくるのです。これは、浮気・不倫をしている既婚男性にはあまり見られない傾向です。

女性は、恋愛と結婚を結びつけて考えやすいのだと思います。

「彼は私のことを好きだと言ってくれているのに、どうして奥さんと離婚してくれないのでしょう？　男心がわかりません。どうしたら彼は離婚してくれるのでしょう？」

「今の夫とは離婚して、私は新しい彼と生活を始めたいんです！　でも彼はそこまで望んでいないみたい。険しい道です」

という相談が多く寄せられます。

一方、男性は女性と違って、「離婚するつもりはない」と割り切っていることが多いようです。恋愛は恋愛、自分の結婚生活とは別という感じです。

ですから、恋の相手が既婚男性である場合は、**彼の言葉よりも行動をよく見てくださいね**、と私はアドバイスしています。

「離婚して君と結婚したいよ」と言っていても、行動を起こそうとしてない場合は、その「何もしない」という行動のほうが本音なのです。「君と結婚したい」という言葉は、**恋愛気分を盛り上げたくて、つい口から出てしまう言葉**と思っておくほうがよさそうです。

彼が言った「結婚したい」という言葉の本当の意味を探ろうとしても、残念ながら、期待通りの答えは見つけられません。恋愛と結婚を結びつけていない男性にとって、その言葉に本当の意味も裏の意味も存在しません。「ただ、そう言ってみただけ」です。

不倫ではあっても、婚外の彼との関係をずっと続けていきたいと考えている人もいるでしょう。

私のところにいただくメッセージからわかることがあります。**関係を長く続け、それなりに安定させている方は、「離婚」や「再婚」を考えていないということです。**相手に離婚してほしいと望まない、自分と再婚してほしいと望まない、そして自分も現在の配偶者と離婚しないということです。

そういう方たちは、お互いの配偶者とそこそこいい関係を築いています。もちろん、知られないようにする努力も含めて、です。

大好きだった彼と別れる方法

配偶者に知られずに終わっていく浮気・不倫がとても多い。それはカウンセラーをしているとよくわかります。交際相手と話し合って別れるとか、突然音信不通になって終わるとか、事情は様々です。

しかし、上手に別れられないカップルもいます。女性と男性、どちらの側に未練があって別れられないのか。それによって、カウンセリングの方法は違ってきます。

女性の側に未練があり、「彼と別れたくない。別れられない」というケースならば、次の3点を重点的に見ていきます。

「この人を逃したらもう次がない」と思っている？

「もうこの人しかいないんです。この人しか好きじゃないんです」と必死に訴える女性は多いのですが、その言葉の裏には、自分に自信が持てないという心の弱さが潜んでいます。

彼という存在がなくても、自分は魅力のあるいい女だということを思い出しましょう。

それに、「もうこの人しかいない」というのは、１００％気のせいです。この先また素敵な人に出会えるとわかっていたら、今どうしますか？

やりきっていないから、別れに納得できない？

言いたいことを全部言っていない。自分の気持ちを行動に表していない。私は「別れたくない」って言っていない。——という人は多いのですが、実は、相手の彼に嫌われることを恐れて、話し合おうともしていないことがよくあるのです。

「別れたくない」という気持ちを表に出して、行動で示してください。そうすれば、気持ちがすっとして、別れの時期が来たことにも納得がいきます。

「別れるメリット」を理解していないのでは？

例えば、彼と別れれば、デートにお金を使う必要がなくなる。離婚しなきゃって思わなくていい。友達に会いやすくなる。人に言えない隠し事がなくなる。など、別れることであなたが得るメリットは結構あるはずです。

「別れたくない！」とガチガチに固まっているときは、別れるメリットに目を向けるようにするとよいですね。

別れたがらない彼と別れるには

「私は別れたいのに、彼が別れさせてくれない」「終わっていることを認めようとしない」という場合もあります。これは特に、相手が既婚男性である場合によくある話です。

既婚男性にとって、不倫相手の女性にも夫や子供がいるというのは、とても都合がいい状況なのです。結婚を要求されずに恋愛気分を味わうことができ、身体の関係を続けられるのですから、手放したくないというのが本音でしょう。

そんな相手とお付き合いしている女性は、**相手から何らかのコントロールを受けているのだという意識を持ってください。**

「コントロールを受けているなんて、そんなことありません」と思うかもしれませんが、少なくとも、影響を受けていることはたしかでしょう。

別れ話をすると、つらそうに引き留めてくる。かわいそうになってしまって躊躇する。もう連絡しないでと言っても、連絡してくる。理詰めで言いくるめられる。「人に言うよ」と脅される。怒られる。——というのは、「彼が別れさせてくれない」と相談に見えた女性たちから実際にお聞きした内容です。

女性が心の中にさみしさを抱えていると、わざわざ自分からコントロールされに行ってしまう場合もあります。

そして、既婚男性側が「いったん別れてしまったらもう次の相手が見つからない」と思っている場合は、コントロールがきつくなる傾向が見られます。

「あ、コントロールされてるかも」と思ったら、別れるにあたり、相手に許可を求める必要はありません。「別れたいのだけど、いい？」と、お伺いを立てることで、相手のコントロールが強まります。

「この関係をもうやめたい」と思い、相手のコントロールに巻き込まれたくないと思ったらどうするか。まず、相手には何も言わずに少しずつ距離をとってみよう、相手と距離をとった状態に慣れよう、とアドバイスすることが多いです。

「夫婦ってこういうもの」という幻想から抜け出す

結婚や夫婦生活には、「こうあるべき、こうであって当たり前、普通こうでしょう」という価値観が、たくさんくっついています。結婚したら、ずっとその人と一緒にいるものだとか、離婚なんか簡単にするべきではないとか、夫婦の会話があったほうがいいとか、子供が小さいうちは別れたらかわいそうとか。

そういう世間一般の価値観を無意識のうちに採用しながら、私たちは生きているのですね。

けれど、世間はそうでも、私はこれとこれを採用したくない、と決める自由があっていいのではないでしょうか。

世の中には本当にいろんな人がいます。個性も違えば価値観も違い、理想とする結婚のあり方も違うはずです。それなのに、みんなが一様に、現行の婚姻制度の枠内におさまろうとすれば、歪みが生じるのも当然と言えば当然です。

世間で言う「普通」とは違うかもしれないけれど、これが私たちの結婚の形。と言えるようになるといいですね。

今、人に言えない恋愛をしている女性の皆さんも、いずれは夫婦でもっと突っ込んだ話をし、自分たちオリジナルの夫婦の形を作っていくのではないだろうかと思えてなりません。

その突っ込んだ話をするときに、「負けるが花」というコミュニケーション手法がきっと役に立つはず。私はそう願っています。

第4章

夫婦のお悩み
Q＆A

夫に対して攻撃的になってしまう

夫を見ているだけでイライラする。何か言われると、攻撃的に言い返してしまう、否定したくなる。わかっているのに、余分なことを言ってしまう……。そんなときは——

疲れていませんか？　がんばり過ぎていませんか？　あなたに必要なのはまず、セルフケアです。睡眠をとってください。そして家事の手を抜き、楽を選びましょう。日記アプリに文句を吐き出しましょう。自分が機嫌よくなれることをしましょう。

そのうえで、自分が夫の何に反応しているのかを観察します。夫が休日にゴロゴロしているのがイヤ？　夫が自分のものも片付けようとしないのがイヤ？　気を使ってくれないのがイヤ？

そこから、「自分はどうしてほしいのか？」「自分はどうしたいのか？」を考えてみましょう。

自分もゴロゴロしたい？　夫に手伝ってほしい？　**（手伝ってほしいなら、何をどのようにと、具体的に言葉にしておくことが大事です）**

相手が○○してくれない、という不満があっても、「そもそも彼は私の思い通りになるために存在しているのではない」ということを、うぐぐと飲み込む必要があります。そのことを頭に入れ、「この人のこの部分が変わらなかったとしたら、私はどうしたいのか」を考えてみる。そこで出てきた、自分の「～したい、～してほしい、こうだったら嬉しい」を、夫に伝えて叶えてもらいましょう。

小さなことでも叶えてもらえたら、自分がどんな気持ちになるか（嬉しいのか、やっぱりこれじゃなかったなのか、○○のほうがよかったのか、など）を検証してください。

自分の中から出てきた「～したい」を「夫を使って叶える」という体験を重ねてください。とにかく、自分を不機嫌なままにしておかないことが大切です。

男性を「褒める」「立てる」がわかりません

夫を褒めたりおだてたりすればいいというけど、うちの夫には特にすごいところもないので、褒めたくありません。褒められるところなんて見つかりません……。そんなときは――

自分が心底そう思っていないのに、嘘をついてまで褒める必要はありません。

ではまったく褒めなくてもいいかというと、それはちょっと違うと思うのです。

そこで私の場合は、純粋にすごいと思ったことをちょっと膨らませて伝えるようにしています。

また、夫はどんなときに「褒めてほしいアピール」をしているか、観察しています。褒められたとき、「いやいやいや」と謙遜していても、内心とても喜んでいる場合もありますから、それもよく観察して覚えておきます。

我が家では、夫はサッカーが好きで、私が「この選手、誰？」と聞くと、「この選手はどの高校を卒業して、どのチームに最初所属して、どういう技が持ち味で」とデータが延々と出てきます。

日本代表の試合のとき、夫はテレビの前に陣取って実況解説をしていましたが、夫が言った通りのことを、２秒後にテレビの解説者が言ったりするので、「あ、解説者があなたと同じこと言ったよ！　すごいね！　私はあなたの履歴書をどこの放送局に送ったらいいですか？」と、すごいと思ったことをちょっと膨らませて伝えたら、夫はとても喜んでくれました。

「あっ、この部分を褒められると嬉しいんだ（または、楽しくなるんだ）」とわかったので、その後もせっせと、そっち方面の褒め言葉を口にするようにしています。そうすると、**夫もその褒め言葉を待つようになります。**

私のことも褒めてほしいのに、相手の自慢話ばかり聞かされる…なんてことがあると褒めたくなくなるので、そういうときは次の項目を参考にしてください。

夫が私を労わってくれない、褒めてくれない

家事や育児をがんばっていることを夫にわかってほしいのに、わかってくれない。夫が「あー、疲れた」なんて言っていると、「私も疲れてるんですけど」と腹が立つ。私のがんばりも認めて、少しは褒めてほしいのに、夫は自分の話ばかりする……。そんなときは——

あなたは、どう労わってほしいですか？　どう褒めてほしいですか？　どんな言葉でねぎらわれたいですか？　ありがとう？　お弁当、美味しかったよ？　助かったよ？　今日もおつかれさま？

ほしい褒め言葉、ねぎらいの言葉は、自分からもらいに行ってください。

「お弁当、美味しかったよって言って？」
「ありがとうって言って？」
「髪切ったんだ、可愛いねって言って？」（気づいてなかっただろうけど！）

野太い声で、棒読みでいいですよ。「どうして気づいてくれないのよ。なんで察してくれないのよ」と責め口調になるよりも、よほどいいのです。

男性は身近な女性の小さな変化に気づきにくい。気持ちを察することも苦手。ということも覚えておきましょう。だから、「あなたからこの言葉がもらえたら、それだけで私は気が済むの。機嫌もよくなるから、あなたにもメリットがあるのよ♪」ということを教えてあげるのです。

我が家では、これが夫婦の習慣になり、

夫「僕は役に立ってるって言って？っていうか、言え（笑）」

私「はい、役に立っています（笑）」
私「お弁当、美味しかった？っていうか、美味しかったよって…言え（笑）」
夫「それ感想を尋ねてないよね、強制だよね（笑）」
私「うん、そうだね（笑）」
というようなことが、お決まりのやりとりになっています。

夫がいつも怒っているので、一緒にいるとつらい

夫が仕事のストレスを引きずってイライラした顔で帰ってくると、家庭の空気が暗くなる。私がこの場をなんとかしなければとがんばってきたけれど、時には「なんでそんなに

怒っているの？」と私までイライラしてしまう……。そんなときは――

相手の問題と自分の問題を分けて考えましょう。

このご相談者の場合は、夫の機嫌をとろうとするのをやめてみてください。勝手に怒らせておいてください。何もしないで放っておけばいいのです。それはつまり、相手をコントロールしないということです。

あなたの夫がいつも怒っているのは、あなたの問題ではなく、夫の問題です。あなたが解決するべきことではないし、責任をとる必要もありません。

あなたはあなた自身の機嫌をとることに集中していいのです。夫に何か文句を言われたら、「はいはい、今日も怒っているのね」で終わりにしましょう。

家計のことで夫ともめる

夫と自分とでは、お金の使い方が違う。金銭感覚がまるで違う。夫は貯金をしてくれない。生活費を全部負担してくれない。それなのに、夫はとにかく節約しろとうるさく言う。夫が借金をしていて、妻が支払いのめどをつけている……。そんなときは…。

夫婦がお金のことでもめるのは、夫か妻のどちらかが、「今、家計がどうなっているのかよくわからない」という状態にあることが原因だったりします。どちらが見ても家計状況がひとめでわかる資料があれば、解決できる問題です。

セミナーやカウンセリングでは、「ケンカが起こりにくい家計のしくみ」についても説明していますので、ご興味がある方は、一度覗いてみてください。

『サレンダード・ワイフ』という本には、「家計はすべて夫に任せましょう」と書かれています。妻がよかれと思って家計の管理をしても、そのせいでイライラしたり疲弊したりするくらいなら、夫にやってもらおうというわけです。

私も、家計簿の入力作業をすることでお金の動きを把握できるのはよいのですが、ついでに夫の行動を見張ることにもなってしまい、イライラする時期がありました。夫に全権を返すつもりで、キャッシュカードと通帳を手放したら（大政奉還のような気分でした）夫はイキイキとなって家計の改善に取り組んでくれたので、結果としてお互いの収入が上がりました。

夫婦間のお金の問題についてアドバイスをするときには、夫婦双方が持っている金銭感覚、過去の経験、得意なことなど、いろいろとヒアリングをしてから、そのご夫婦に最適な形を一緒に考えるようにしています。

が、根本にあるのは、**「男性にお金を扱う権限を委ねると、なぜか彼らはイキイキとして、女性を幸せにする方法を考えてくれる」**ということです。

ですから例えば、「お小遣い制で窮屈な思いをしているが故に、夫は妻に寛大になれない」という構図があるなら、お金を扱う権限を夫に戻す（夫の自由になるお金を増やす）という方向でアドバイスを考えます。

夫が借金を繰り返すという場合も、妻が何とかしようとしない（お金を扱う権利を夫に戻す＝世話を焼かずに自分でなんとかさせる）というアドバイスをします。

夫がムードなく誘ってくるのが嫌なんです

こっちがそのつもりになっていないのに、夫はいきなり始めようとするからイヤ。少しはムードづくりをしてほしい……。そんなときは――

「ムードがある」とか「ない」とかいうのは、とても抽象的な言い回しで、人によってイメージするところが違うはずです。**あなたにとって「ムードがある」とは、どのような状態を指すのでしょう？　その答えを、あなた自身が知っていますか？　そして、あなたから夫に伝えていますか？**

カウンセリングでそうお聞きすると、だいたいの方は、「え…わかりません」「え…考えたことなかったかも…」と言われます。あなたにもわからないことを夫に当てろというのは不可能に近い話です。

言葉で誘ってほしいのか？　髪をなでてほしいのか？　音楽をかけてほしいのか？　断る余裕も与えてほしいのか？　心の準備の時間がほしいのか？　家ではなく他の場所でしたいのか？　あなたの「ムード」って何なのでしょう。

不満を言うのはとても簡単です。その裏にある、あなたの願いを伝えるほうが難しいのです。まずは自分の心の中を見て、願いを探しましょう。

彼からセックスを誘ってほしい。私からは誘いたくない

自分からセックスを誘うとみじめな気持ちになる。断られたくないから、夫から誘ってほしい。そうじゃないと、求められているって感じられない。夫はどうしたら私を誘ってくれるのでしょうか？　そんなときは——

男性に誘われてこそ、女として価値がある。男性に求められる女が上等な女。自分から誘うのはみっともなくてみじめなこと。誘いを断られたら、もうおしまいだ。…こんな雰囲気が、ご相談のメッセージから漂ってきます。

「いったい誰がそんな価値観をあなたに植え付けたの？　なぜそんな価値観を植え付けられたままにしているの？」と言いたくなります。

あなたがしたいのなら、あなたから「したい」と言いましょう。恥ずかしくて当たり前です。その恥ずかしい思いをしてみてください。

「安心したいから、したい」「浮気してないって確認したいから、したい」「あなたは私のものって思いたいから、したい」。と正直に口にする練習をしましょう。

自分の恥ずかしい気持ちを言葉にする練習なので、「〜だから」と、わざわざ理由を付け加えていますが、極論、「したい」だけでいいのです。

自分を守る武器、いざというときに相手を攻撃する武器も一切持たず、丸腰で、自分の気持ちをさしだすのです。これまでそういうことをしてこなかった人は、死ぬほど恥ずかしいと思います。

で、**そこまで勇気を出して恥ずかしいことを言っても、相手には、あなたを拒絶する権利も、断る権利もある**のです。それをも呑み込んだうえで、気持ちをさしだしてください。それが「負ける」ということです。

彼が誘いに応じてくれたなら、それって、どんな形であれ、愛でしかありません。そこに彼の愛情を感じていいと思います。

私は一生、セックスレスでも我慢しなければならないの？

勇気を出して夫を誘ったのに断られ、怒りが爆発してしまいました。「君が我慢すればいい」と言われて傷つきました。こういう喧嘩を何度繰り返しても、夫は何も変わりません……。そんなときは――

ひょっとして、言わないほうがいいタイミングで話し合いをしている、ということはないでしょうか。また、言わないほうがいい言葉を口にしているということはないでしょうか。

第2章で述べたように、タイミングを見誤ると、話し合いはうまくいきません。「夜寝る前」は避けたほうがよいと思います。

「なんでしてくれないの？　どうしてしたくならないの？」と問い詰めたくなりますが、これはいい結果を生まない言葉です。相手は「責められた。すべて自分のせいにされている。やれやれいいかげんにしてくれよ」と感じているでしょう。

そんな状態でいくら話し合っても、いい着地点が見つかるはずはありません。

残念ながら、「今セックスをしたがっているのは、あなただけ」なのです。自ら被害者のレールを敷いて、その上に相手を乗せて加害者に仕立てたくなってしまいますが、ここでもまた必要なのは「負ける」です。

「私はあなたとしたいの！」「今朝からずっと期待して待ってたの！」「それくらい私にとって大事なことなの！」「私が勝手に期待して、でも思い通りにならなかったから勝手に傷ついて、勝手に怒ってるの！」「私ひとりだけバカみたい」「うわぁぁん、寝るーー！」というほうが、まだマシです。

妻が勝手に期待して傷ついたと、自ら報告をしているだけなので、夫としては「責められた、自分のせいにされている、やれやれいいかげんにしてくれよ」と思う度合いは少し下がります。

夫が行動を変えてくれる可能性があるとするなら、「自分はしたくない。でも妻の望みだから叶えてあげたい」という気持ちを起こすような関係を、日常的に築いている場合です。

夫が「自分は責められている、自分のせいにされている」と捉えると、妻の望みを叶えてあげようという気持ちになれないのです。

ふたりの関係を作り直すために、本書が提案する「負けるが花」を実践してみてください。

浮気されたショックがフラッシュバック、どうしたらいいの？

夫の浮気を許したけど、もうセックスはできません。あの行為の最中に、浮気されたときの悲しい場面が脳内でフラッシュバックし、吐きそうになるくらい気持ちが悪くなります……。そんなときは――

夫に浮気をされて傷ついたけれど、もう一度夫婦としてやり直すことを選択した。日常生活ではだんだん普通に過ごせるようになってきた。でも、「セックスしようとすると、心の奥に隠してしまいこんでいる感情が刺激されて、つらくなる」ということがあります。夫の浮気相手のことを考えてしまってつらい、という人もいます。

つらいでしょうね。そのつらさに耐えて自分に我慢を強いるのは、もうやめましょう。あなたが感じていることを全部、外に出してしまいましょう。

泣く。「気持ち悪い」と言う。感情を切ってだらんとなる。相手を叩く。など、どんな方法をとってもいいのです。湧き上がってきたものを自分の中に押し込めないで、それを感じている自分を、相手に見せてしまってください。そして落ち着かせてもらってください。苦しんでいるあなたをサポートするのは男性の役目です。男性に助けさせてあげましょう。

あなたは、自分を「許す」ということをしてください。どれだけそれを感じてもいいよ、どれだけそれが出てきても私は私の味方だよ、と。そう自分に言ってあげてください。

ひとりで我慢していたものを、相手に見せて、「相手に、助けさせてあげる」「相手にも、なんとかさせてあげる」「相手にも、私のこの怖さに関わらせてあげる」。そうしていると、男性の「女性を愛する力、あなたを愛する力」はどんどん引き出されていくのです。

目の前の相手に、遠慮しなくていい。目の前の相手を、見くびらなくていい。そこに気づくために出てきている「気持ち悪さ、怖さ、つらさ」だったりするのです。

彼にもっと会いたいのに、会ってくれない

夫とは別に、彼がいます。お互いに、かなり真剣だと思っていました。でも最近は……もっと会いたいのに、彼が会ってくれない。もっと距離を縮めたいのに、彼はその気がなさそう……。そんなときは――

彼の言動を変えようとするよりも、「あなたがほしがっているものを与えてくれる人」を選び直したほうがいいのかもしれません。それが、人に言えない恋愛で苦しまないための

ポイントです。

相手に何を求めているかは、人により異なります。身体の関係だけで十分だという人もいれば、しっかり恋愛したいという人もいます。メールやＬＩＮＥにマメな男性もいれば、そういうのは苦手だと言う人もいます。

あなたが相手に望むものは何なのかをしっかり見ておきましょう。それを与えてくれない人との仲は、遅かれ早かれ、うまくいかなくなるものです。

おわりに

美世さんへ。

いつもブログ拝見しています。
誰にも言えない私の悩みを書かせてください。

私は20代の会社員、独身です。お付き合いしている彼とセックスレスで、2年ほど拒否されています。彼には「過去の女性との関係で、性的な部分にトラウマがある。苦手なのであまりしたくない、少し時間がほしい」と言われました。そして、少し時間がほしいという彼の言葉通りに時間が経っても、レスの状態は何も変わらない。私は彼と普通に触れ合って、ベタベタしたいのです。「ずっとこのままなのかな」と悩むようになりました。

そんなときに、私はある男性と、いろいろあって身体の関係を持ってしまいました。悪いことをしているという意識はありましたが、心が苦しくてさみしくてたまりませんでした。彼に拒否されていることで、発狂するような思いでした。そして、なんと、私とその男性が会っている現場を、彼に見つかってしまったのです。彼が私を偶然見かけて、一人でどこに行くのだろうと後をつけていたのです。

当然ですが、逆上した彼に散々怒鳴られました。「おまえら気持ち悪い！　いったい何を考えているんだ！」と罵詈雑言を浴びせられました。私は、どうして浮気してしまったのか、どうして途中で止められなかったのか、自分でもよくわからず、でも彼と別れたくなかったのでなんとかして許してもらおうと、謝りました。彼の怒鳴り声が怖いので、「ごめんなさい、もうしません」と何度も言いました。

かろうじて、お付き合いは続くことになりましたが、彼もとっても傷ついてしまい、セックスレスの状況はいっそうひどくなるばかり。当たり前ですよね。女性不信気味だった彼の心の傷をさらに広げてしまったのですから…。

ふたりの間で何ら問題が解決していないことは強く感じます。大事な話はできませんし、できる雰囲気でもないからです。正直、また私が浮気してもおかしくない状況です。私は、どうしたらいいのでしょうか…。

はい、実はこの話は、過去の私自身の話です。まだ、カウンセリングも体験していない頃で、友達にも相談できませんでした。「美世さん」のような存在は、このときの私にはいませんでした。

ひとりで悩み、行動をしてみてまた落ち込む。出口がないように感じていました。

浮気したことが彼に知られた後は、私の中にこんな気持ちが見つかりました。
「私だけが悪いわけじゃない。あなたにも原因があったのだから、私のことばかり責めないでほしい」――でも実際には、彼にそう言えませんでした。彼は烈火のごとく怒り、自分は被害者だと思っているのですから。今考えると、あのとき一番伝えるべきことはこれだったのですが、そのときの私には、言えませんでした。

この悩みを終わらせるために私がしたこと、それは、「私はセックスを含むスキンシップを大切にして生きていきたい人なんだ」と、自分の性質を認めることでした。**彼という他人にそれを承認してもらうのではなく、自分でそれを認めることでした。**「そんなのなくても我慢できる。他の相性はいいんだから」と、切り捨てようとしていたものが、当時の私には一番大切なものだったと認めたのです。

「私、本当はこう思ってたんだね」
「自分の気持ちを大切にしてこなかった私が間違ってたよ、ごめんね」
「私は私。このままの私でいい」
と、自分に言ってあげたのです。

常識を持つ第三者から見たら、浮気は悪いことで、相手を傷つけたことを深く反省し続けるべきだと思うでしょう。

しかし、自分と生きていくのは自分です。自分の性質は自分が一番よく知っています。それを認めることも必要です。

私もようやく自分本来の性質を認めることができ、自分を許すこともできて、心底ホッとしました。あぁ、これが自分を大切にするっていうことなのだなぁと感じました。ひとりでたくさん泣いて、そのあと、彼にお別れを切り出しに行きました。本当の自分が身体の中に戻ってきて、本来の居場所にストンとおさまったような気がしました。「自分を許す」ことの大切さを学んだ出来事になりました。

今の私には、「誰にも言えないこと」をメッセージしてくださる女性が大勢いて、彼女たちがそれぞれに「救われた」と言ってくれています。そのことに、実は、私自身が救われているのかもしれません。時間はかかったけど、**誰にも言えない気持ちを書ける場所、相談できる場所を作ることができた。あの頃の私のような人たちが、ひとりで悩まなくなっている。**そのことを思うと、安堵の涙が出てきます。

これまで、たくさんの女性たちから、「誰にも言えない悩み」の相談を受けてきました。話の入り口はセックスレスの問題だったり、浮気している、浮気されているといった話なのですが、最後の最後のほうで、

「あ、これが今のこの方を止めているものなんだな」というものが、ぽろっと出てくることがあります。それは、その方たちが「受け入れられない自分」「許せない自分」と言ったらいいでしょうか。

20代の頃の私が、「セックスを大事なものと考えている自分」を受け入れられなかったように、その女性たちも、「こんな自分を認めるわけにいかない」「こんな自分を許したら、人として終わってる」と、自ら禁じているものがあります。それは、

もっとこうしたい、もっと欲しいと思ってしまう、欲深い自分

外には出していないけど、実はこんなことを考えている、周りの人にはあたかもそんなこと思っていないかのように嘘をついている…という、腹黒い自分

自分は悪いことをしているのだから、罰を受けなければと、自ら幸せを遠ざけてしまう、罪深い自分

です。

大事なパートナーと性の関わりを持つときに、欲深くてはいけない、腹黒くてはいけな

い、罪深くてはいけない、と思っているのです。心の奥底のほうで。

「こんなに欲張りになっている自分のことをダメだと思います」
「こんな自分、最低だと思います」
「罪悪感があって、前に進めない」

そんな女性たちに、私はそっと、この言葉をさしだします。

「それでいいんだよ」
「それをダメって思わないでいて」
「それ、実は順調なんだよ」

多くの女性が、悩みながら自分を責め、攻撃しているのです。気づかないうちに、これまでずっとそうしてきたのでしょう。自分で自分の身体を叩いて、痛がって苦しんでいるのです。**誰にもその話をしないので、自分を叩いてしまう手を止める術もありません。**

「私は可愛い欲張りです、と言ってみて」

「私って実は腹黒いんです、と言ってみて」
「隠してるつもりだけど、私ってそこそこ最低でクズなんです、と言ってみて」

言葉を口にして、自分に聞かせるということをしてもらいます。誰かに聞かせる必要はなく、ただ自分で自分に言ってみる。そうすることで、自分を許してもらいます。

言葉を口にするだけなら簡単、と思われるかもしれません。しかし、心に引っかかることは、なかなか言えないものです。それこそが「図星・当たり」だという証拠なのですが、つらくても言葉で表現していくことにより、気持ちが楽になります。

一度しっかり自分を許した人はどうなるのか、とお思いでしょう。様々な女性のご相談をお聞きしてきた経験から言えるのは、皆さん「自分で選ぶ」「自分を主語にして人生を生きる」という方向に進んでいくということです。自分を縛っていたものから自由になり、自分のあり方は自分で選ぶようになっていくのです。そして、自分の選んだ道で、その人らしい幸せを手に入れています。

あなたも、それを自分に許していいのではないでしょうか。

自分を知り、自分を許し、自由に生きる。

そうしていく女性たちがこれからもっと増えていくことを願ってやみません。


ここまでお読みいただき、本当にありがとうございます。

最後に、私にとって初めての本を書くにあたり、惜しみないサポートをくださった方にお礼を言わせてください。

私が執筆に集中できるように助けてくれた「負けるが花チーム」のメンバー、出版へと背中を押してくれた師匠・心屋仁之助さん。膨大な資料を読み込んで、書く道筋を作ってくださった鮫川佳那子さん、的確なアドバイスと導きで最後まで見守ってくださったWAVE出版の大石聡子さん。

皆さんのおかげで最後まで書くことができました。本当にありがとうございます。

それから、こんな私を受け入れてくれて、仕事に邁進させてくれる私の家族、特に、いつも笑いとユーモアを交えたコンサルをして私を励ましてくれる夫に、感謝を捧げます。

そして最後に、この本を手にとってくださった皆さんへ。本書が、皆さんの中にある素直さと魅力を引き出し、男性との素敵な関係を作るお手伝いとなれば幸いです。

小野美世

パートナーシップと性のカウンセラー。

愛知県生まれ。京都在住。2児の母。結婚前に経験したセックスレス（拒否される側）の悩みを機に、カウンセリングの世界と出会う。2013年、心屋塾認定講師となり、性・セックス・夫婦関係などのカウンセリングやセミナーを行っている。

性に関する真摯なブログには「読むだけで楽になった」「性の悩みへの優しい回答が書いてある」という声が多くの女性たちから届いている。

これまでアドバイスしてきた女性約3,000人のケースを元に本書を上梓

●アメブロ：「性の悩みへの優しい答え」と「負けるが花」
https://ameblo.jp/miyo1cafe/

誰にも言えない 夫婦の悩み相談室

2019年 11月20日　　第1版　第1刷発行

著　者　小野美世
発行所　WAVE出版
〒102-0074 東京都千代田区九段南3-9-12
TEL 03-3261-3713　FAX 03-3261-3823
振替 00100-7-366376
印刷・製本　萩原印刷

NDC159 239P 19cm　ISBN978-4-86621-241-8